Herzlichen Dank allen Menschen, die mich bei meiner persönlichen (Weiter-) Entwicklung begleitet haben. Ein ganz besonderer Dank gilt meiner Familie: meinen beiden Kindern Laura und Simon und meinem Ehemann Stefan.

Sigrid Stilp-Weiß

Das Handbuch für
herausfordernde Situationen
Seelenbalsam

2. erweiterte Auflage

Bibliografische Information der Deutschen
Nationalbibliothek:
Die Deutsche Nationalbibliothek verzeichnet
diese Publikation in der Deutschen
Nationalbibliografie; detaillierte bibliografische
Daten sind im Internet über http://dnb.dnb.de
abrufbar.
*Die automatisierte Analyse des Werkes, um
daraus Informationen insbesondere über
Muster, Trends und Korrelationen gemäß §44b
UrhG („Text und Data Mining") zu gewinnen,
ist untersagt.*

Herstellung und Verlag:
BoD – Books on Demand, Norderstedt

ISBN 9783759720146

Coverdesign
Illustration: Maria Sporrer & Resilienzforum
Berlin

Vorwort

Wir leben in einer Zeit, in der sich Krisen überlagern: die ganz persönlichen, die wirtschaftlichen, die gesellschaftlichen, und viele mehr. So ist es nicht verwunderlich, dass mir in den letzten Monaten immer wieder und immer mehr Gedanken in Richtung „Wie gehe ich mit dieser herausfordernden Situation gerade um?" begegnen. Und ja, dies sind sowohl meine eigenen Gedanken, als auch Gedanken von Menschen, die mir beruflich und auch privat begegnen. Die erste Auflage dieses Büchleins entstand während der Coronapandemie. Selbstverständlich sind die Inhalte in diesem Büchlein für jede persönliche Krise, jede herausfordernde Situation anwendbar. Daher habe ich die 1. Auflage „entcoronaisiert" und dabei noch um weitere Inhalte und mit dem Notfallkoffer, also um praktische Übungen für den sofortigen Einsatz im Alltag des Lesers erweitert. Warum habe ich den Titel der 1. Auflage verändert? Die erste Auflage wurde leider immer wieder in eine esotherische Schublade gesteckt. Daher habe ich, auch wenn es unüblich ist, den Titel bewusst überarbeitet.

Meine Wahrnehmung: Viele Menschen implodieren oder explodieren in oder während persönlicher Herausforderungen. Aufgrund vieler Gespräche, Beobachtungen, Wahrnehmungen in Verbindung mit meinem Wissen und den Erfahrungen als Coach und Resilienzberaterin nach dem Bambus-Prinzip® habe ich so meine eigenen Erklärungen dazu gefunden. Und diese werde ich in diesem Büchlein mit dir teilen.

Wichtig dabei ist mir, dass diese meine Erklärungen auf meinen Erfahrungen, Kenntnissen und Kompetenzen basieren und keinesfalls als allgemein gültig angesehen werden müssen. Ich behaupte nicht, dass ich IMMER genau weiß, wie ich in besonderen Herausforderungen gut für mich sorgen kann, geschweige denn, was richtig für dich ist. Ich möchte den Leser ermutigen, auch mal zuzugeben, dass es im Moment einfach viel oder auch zu viel ist. Dass Ängste und Sorgen existieren und zu unserem Leben dazugehören. Und dass es durchaus wichtig und richtig ist, dass wir uns auch einmal ganz offiziell „genehmigen", dass es uns gerade nicht gut geht mit alldem, was da von außen auf uns niederprasselt.

Nimm meine Gedanken als Grundlage für weiteres Reflektieren und Nachdenken.

Dieses Büchlein gibt Raum für den Leser, einen eigenen Raum, um diesen mit persönlichen Erfahrungen, Wahrnehmungen und Eindrücken zu füllen.

Und es soll dich im Alltag ein Stück weit begleiten. Lies es immer und immer wieder, denn dann kann das, was du liest langsam in deinen Alltag einfließen. Du kannst es von Anfang bis Ende durcharbeiten oder du gehst intuitiv zu den Seiten, die dich gerade ansprechen. Es ist ein Handbuch und darf dich begleiten, deinen eigenen Weg in herausfordernden Situationen zu finden und dich darin zu unterstützen.

Ich habe mich für die persönliche Ansprache des „du" entschieden. Dies soll dir ermöglichen, die Botschaften näher an dich heranzulassen.

Allein aus Gründen einer besseren Lesbarkeit verzichte ich auf die gleichzeitige Verwendung männlicher, weiblicher und sonstiger Sprachformen. Sämtliche erwähnte Personenbezeichnungen gelten für alle Geschlechter. Die verwendeten Grafiken und Piktogramme gehören zum Bambus-Prinzip®.

Herzlichen Dank an dieser Stelle an Ella Gabriele Amann für die Erlaubnis, diese zu verwenden.

Wenn du mehr Informationen zum Bambus-Prinzip® bzw. zu den Themen Resilienz und/oder Stress suchst, dann findest du im Anhang weitere Buch- und Kontaktempfehlungen, die dich darin unterstützen, tiefer in diese Materie einzusteigen.

Lass dich ein auf eine Reise mit dem Ziel, deine persönliche, seelische und psychische Widerstandskraft zu erkunden, zu entdecken und dir diese zu sichern.

Ich fordere dich immer wieder auf, dir eigene Notizen zu machen: Vielleicht legst du dir jetzt ein kleines Büchlein an, indem du deine Gedanken und Ideen notieren kannst?

Prolog

Es war eine wunderbare Zeit. Ich habe sehr viel mit Menschen gearbeitet, war relativ oft und vor allem auch selbstverständlich unterwegs und habe es genossen, mit Teams und Gruppen zu arbeiten. Ich hatte das Gefühl „Ich habe es geschafft, es geht mir sehr gut. Ich bin rundherum zufrieden mit meiner Welt und mit meinem Leben." Auch mein privates Leben war im Fluss und die menschlichen Beziehungen, Kontakte und Nähe waren selbstverständlich. Nähe und ein wertschätzendes Miteinander mit Gleichgesinnten waren immer schon sehr wichtig für mich.

Dann kam eine (nicht nur für mich) große Katastrophe und meine heile Welt wurde aus den Angeln gehoben. Um ehrlich zu sein, habe ich zunächst gedacht: „Na das ist ja sehr weit weg. Das betrifft mich nicht." Und dann kam alles näher. Auf einmal war es da.

Es war surreal. Es war wie Sciencefiction und ich hatte es noch immer nicht wirklich sehr ernst genommen. Ich saß mit staunenden und ungläubigen Augen am Tisch und dachte, das ist doch alles nicht möglich, was die Menschen da um mich herum so phantasieren und befürchten.

Zunächst, nach ein, zwei Tagen der Verunsicherung, habe ich begonnen zu recherchieren und zu lernen: Ich wollte „verstehen", mehr darüber wissen und reflektieren und ich war auf der Suche nach einem alternativen, nach meinem Weg aus dieser Krise.

Um ganz ehrlich zu sein, gab es dazu auch einen Gegenpol. Es war schon auch angenehm: es war ein „in die Stille führen". So hatte ich auf einmal viel Zeit für mich und das, was mich beschäftigte, was ich schon lange erledigen wollte und nie dazu gekommen war.

Also habe ich mein Herzensprojekt in die Welt gebracht: ich habe mein erstes Buch geschrieben und aufgelegt. Und das Bedürfnis entstand, vielen Menschen etwas davon zu erzählen und auf diesem Weg auch mitzugeben, was mich durch diese herausfordernde Zeit getragen hat:

Meine persönliche Resilienz.

Eine Metapher, die mich durch diese Zeit getragen hat, ist mein Bild von den zwei Eimern.

Zwei Eimer

Für mich gibt es zwei Eimer. Ein Eimer steht links vor mir. Dieser Behälter birgt das Thema, die Herausforderung, die mich gerade beschäftigt. Ich weiß, dass dieser existiert und ich sorge für ausreichend Abstand. Denn wenn ich diesem Eimer zu nahekomme, besteht die Gefahr, dass ich hineingezogen werde und mich dann macht- und kraftlos fühle.

Dieser Eimer beinhaltet die eigene Machtlosigkeit, dieses „NICHT-Wissen" wie es weitergeht, die Unerfahrenheit, mit dieser Krise oder dieser Herausforderung umzugehen. Habe ich keine Referenz für derartige Situationen, dann macht mich dies unsicher, es verursacht Angst. Und genau deshalb halte ich einen für mich gesunden Abstand: **im Wissen, dass dieser Eimer existiert.** Ich bleibe dabei im Reflektieren und Hinterfragen, in meiner Autonomie, dass ich denken und hinterfragen kann.

Und ich habe Respekt und beobachte achtsam, was in und mit diesem Eimer geschieht

Der zweite Eimer steht direkt rechts vor mir. Das bin ich mit all meinen Stärken, Ressourcen und Potenzialen. Und wenn ich ähnliche Situationen bereits durchlebt habe, dann finde ich in diesem Eimer die Erinnerung, wer oder was mir damals geholfen und wer oder was mir gutgetan hat. Hier bin ich in meiner eigenen Stärke und kann selbst entscheiden. Da sind viele positive Gesichtspunkte des Hier und Jetzt enthalten.

Dieses Gefäß birgt meine eigene Macht. Hier finde ich meine Entscheidung, die positiven Seiten des Lebens zu sehen, zu genießen und alles das, was ich selbst bestimmen kann. Ich stelle mir immer wieder die Frage: „Was ist positiv anders in dieser Situation und was davon nehme ich mir mit? Was aus meinem bisherigen Erfahrungsschatz kann auch hier helfen?"

Was tue ich mit den beiden Eimern?
In erster Linie ist es für mich wichtig zu wissen, dass beide existieren. Und ich konzentriere mich immer wieder auf die

Erkenntnis, dass es alleine meine Entscheidung ist, mich auf meinen eigenen, auf meinen persönlichen Eimer zu konzentrieren. Und ich bin achtsam mit dem „Herausforderungs"-Eimer. Es genügt mir zu wissen, dass er da ist. Punkt.

Was genau ist in deinen beiden Eimern? Kennst du sie schon? Wenn nein, dann überlege, was ist die Herausforderung, die du in diesem Moment wahrnimmst. Alles das, was dir dazu einfällt, kommt in einen Eimer oder ein anderes Gefäß deiner Wahl. Und dann konzentriere dich auf den zweiten Eimer: was ist das, was du an Ressourcen, an Potenzialen, an Erinnerungen hast, die dir in diesem Moment helfen, dich unterstützen können. Zeichne deine Gefäße und fülle sie mit Piktogrammen oder Worten. Du wirst staunen, was da alles in deinen Gedanken erscheint und dich in dieser für dich schwierigen Situation unterstützen kann.

Ich nehme beide Eimer wahr und bin
sehr achtsam mit beiden.

Was ist nun eigentlich Resilienz?

Resilienz ist die seelische Widerstandskraft. Jedoch klingt Widerstand eher unangenehm und anstrengend. Daher beschreibe ich diesen Zustand lieber damit, schwingungsaktiv zu sein, sich sein zu lassen und dabei aktiv zu gestalten. Mein Bild dafür entstammt dem Bambus-Prinzip®: Der Bambus ist tief und fest verwurzelt. Wenn ein Wind oder gar ein Sturm kommt, dann geht Bambus mit dem Wind mit. Dies geschieht im Wissen, dass dieser sich danach in der eigenen Geschwindigkeit wieder aufstellen kann. Und genauso ist es mit uns Menschen in herausfordernden Situationen: Wir können mit dem was im Hier und Jetzt ist mitgehen, es akzeptieren. Dagegen ankämpfen braucht sehr viel Energie. Und wir können dann in unserer eigenen Geschwindigkeit wieder aufstehen. Bei einigen Menschen geht es wie von alleine, andere brauchen Unterstützung. Und wieder andere Menschen bemerken gar nicht bewusst, dass sie

sich gerade in dieser Verarbeitungs-
phase befinden.

Resilienz 2.0

Bei der ursprünglichen Definition ging
man davon aus, dass wir uns nach einer
Herausforderung wieder in die gleiche,
die ursprüngliche Position aufstellen, die
wir vor dem Ereignis hatten. Heute
wissen wir, dass es nie wieder so sein
wird wie es vorher war. Es macht wenig
bis keinen Sinn, dass wir versuchen, alles
wieder wie vorher handhaben zu wollen.
Es gilt also, die passende Stellung für das
neue Jetzt zu finden. Wir passen uns der
neuen, aktuellen Situation an. Und das
meint Resilienz 2.0.

Also: Resilienz 1.0 steht für Robustheit
und „bounce back", zurück in die Position von „vorher".

Resilienz 2.0 steht für Anpassungs-
fähigkeit, „bounce forward". Das Leben
ist beständig unbeständig und ich habe

die Fähigkeit, gut mit Unsicherheit umzugehen.

Vergleichbar mit unserem Immunsystem das unseren Körper vor Krankhei-
ten schützt, steht Resilienz für das
Immunsystem unserer Psyche und unserer Seele.

Der Bambus ist gut verwurzelt und stabil.

Stressresistenz versus Resilienz?

Betrachte dieses Bild. Was nimmst du wahr? Die Welle, die gegen einen Felsen tanzt. Nun, wenn ich von Stressresistenz spreche, dann meine ich den Felsen. Er ist stark und stellt sich der Welle entgegen. Wenn du also stressresistent bist, dann bist du stark wie ein Felsen und stellst dich dem Problem, der Herausforderung. Doch wir alle wissen, was das bedeuten kann: wir versteifen uns, bekommen unter Umständen Kopf- oder Rückenschmerzen.

Mit Resilienz meine ich die Welle: diese nimmt den Felsen wahr und umspült den Felsen, geht mit dem Widerstand mit und sucht sich ihren neuen Weg. Und nicht zu vergessen ist, dass das Wasser mit der Zeit und mit etwas Geduld, den stärksten Felsen abtragen kann. Ein konkretes Beispiel dazu: Wenn ich beispielsweise unter Lärmbelästigung leide, kann ich mir Kopfhörer oder Ohrstöpsel besorgen, dass ich den Lärm nicht mehr oder nur noch gedämmt wahrnehme. Das meine ich mit Stressresistenz. Ich suche mir Unterstützung, die mir hilft, mit der bestehenden Belastung besser klarzukommen. Oder aber ich überlege, wie ich den Lärm minimieren oder gar vermeiden kann. Also ich ziehe beispielsweise mit meinem Schlafzimmer ins Wohnzimmer, stelle mein Büro um oder ähnliches. Das verstehe ich unter Resilienz. Ich gebe mich mit der Lärmbelästigung nicht zufrieden, sondern suche nach Möglichkeiten, diese abzustellen.

Mögliche Reaktionen in Krisen

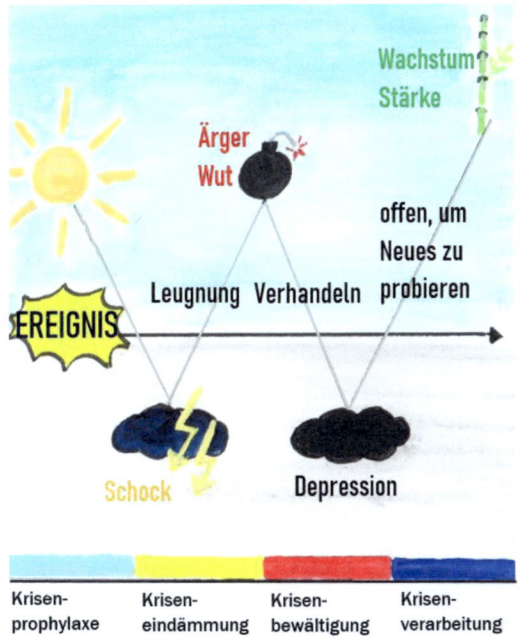

Dies ist die Darstellung eines möglichen Verlaufs in Krisen. Jeder Mensch hat seine ganz persönliche seelische Widerstandskraft. Je nachdem wie hoch diese zum Zeitpunkt des herausfordernden Ereignisses ist, geht es mit mehr oder weniger Schwung durch diesen Prozess.

18

Denn: wenn wir vorbeugend gut für uns gesorgt haben (Krisenprophylaxe), dann ist unsere seelische Widerstandskraft hoch bzw. höher und wir können mit Schwung durch diese Krise oder durch die herausfordernde Situation gehen.

Dabei ist nicht festgelegt, dass dieser Verlauf bei jedem Menschen und in jeder Situation identisch, also in genau dieser Reihenfolge verläuft. Alles ist möglich.

Zunächst geschieht also ein Ereignis. Wir haben realisiert, dass es eine Herausforderung gibt, die unseren Alltag oder sogar unser ganzes Leben auf den Kopf stellen wird.

Vielleicht ist es auch der Zeitpunkt, als der Arbeitgeber die Kurzarbeit ausruft oder du gar gekündigt wirst. Oder es gibt eine schlimme Diagnose von dir selbst oder einem nahen Angehörigen oder Freund. Oder dein Partner oder deine Partnerin trennt sich von dir, dein erwachsenes Kind zieht aus, in eine andere Stadt. Oder, oder, oder…

Dann kommt der Schock. Nach dieser mehr oder weniger langen Schockstarre kommt es eventuell zur Leugnung. Hier kommen Gedanken wie etwa: „Sowas kann es gar nicht geben." Du hältst am Alten fest und willst nicht wahrhaben, was da gerade geschieht.

Diesem Zustand können unangenehme Emotionen folgen, es entsteht ein Gefühlschaos beispielsweise aus Ärger und Wut auf dich selbst, auf Gott und die Welt.

Nach dieser Stufe kommt im beschriebenen Ablauf das Verhandeln. Hier bist du am Rationalisieren: das „Kopfkino" läuft und du findest viele Gründe, dass alles so bleibt, alles so bleiben muss, wie es mal war.

Die Depression ist ein weiterer möglicher Schritt, worin du mehr oder weniger lang verharren kannst. Wichtig für dich ist es zu wissen, dass dies ein ganz normaler Prozess, also ein ganz normaler Zustand in dieser Phase ist. Und wichtig für dich ist es, dass du auch hier die Möglichkeit hast, weiterzugehen. Du kannst dir als gesunder Mensch verschiedene Kenntnisse, Fähigkeiten und Kompetenzen aneignen, die dich unterstützen, gut wieder aus dieser Situation heraus zu kommen. Und an dieser Stelle muss eine Depression nicht unbedingt krankhaft sein.

Denn es gibt eine weitere Phase: in dieser kommt der Mut, Neues auszuprobieren und dann erst ist Wachstum und Stärke möglich.

Erkennst du dich wieder? Was davon kennst du gut oder in welcher dieser Stufen bist du im Moment?

Interessant dabei ist, dass sich das Leben nicht an einen definierten Ablauf hält. Wir können diesen Ablauf, wie bereits beschrieben, ganz anders durchleben. Und was wirklich gefährlich ist: wir können in einer dieser Phasen auch stecken bleiben. Dann ist es wirklich wichtig, sich Unterstützung zu holen, sich helfen zu lassen.

Schutz- und Selbstheilungskräfte

Jeder Mensch besitzt die Grundlage für diese „seelische Widerstandskraft" oder Resilienz. Wir verfügen über Schutz- und Selbstheilungskräfte. Und genau darum geht es: Diese sind nämlich unterschiedlich ausgeprägt und bei jedem von uns in anderer Art und Weise entwickelt.

Und wir sind als erwachsene und gesunde Menschen selbst verantwortlich dafür, diese Widerstandskraft weiter zu entwickeln. Also geht es darum, den „eigenen Eimer" mit Ressourcen und Kompetenzen zu füllen.

Sicherlich kannst du warten, bis dies ein anderer für dich übernimmt. Das könnte jedoch auch schief gehen. Denn es ist leider nicht immer jemand da. Du selbst bist immer bei dir und nur du selbst kannst hier erfolgreich und vor allem auch nachhaltig wirksam werden. Und übrigens kannst du diesen Eimer außerhalb von belastenden Situationen leichter auffüllen, als wenn du wartest, bis eine Herausforderung in deinem Leben erscheint.

Welche Faktoren bestimmen nun diese Resilienz 2.0?

Wie in vielen Bereichen gibt es auch hier sehr viele verschiedene Modelle und Erklärungen. Ich habe mich als Grundlage für dieses Buch für den Resilienz-Zirkel nach dem Bambus-Prinzip® von Ella Gabriele Amann entschieden. Denn: Für mich ist dieses Metamodell lebens- und praxisnah. Außerdem habe ich weitere Inhalte aufgenommen, die aus meiner Erfahrung ebenfalls wichtig sind, um die eigene Resilienz zu hinterfragen und dafür zu arbeiten.

Das Bambus-Prinzip® und alle von mir erwähnten zusätzlichen Inhalte können im Alltag und zwar sowohl in Organisationen, Unternehmen, beruflich als auch privat, täglich neu gelebt und erlebt werden.

Wie in vielen Bereichen geht es darum, dies ins Bewusstsein zu bringen und aktiv daran zu arbeiten. Es ist wie tanzen: im Rhythmus des Lebens geht es immer wieder darum, mit den Vorgaben von außen harmonisch und angemessen für dich persönlich umzugehen. Und es geht darum zu erkennen, dass nach einem Impuls von außen zunächst Gedanken oder Gefühle als Reaktionen kommen. Bedenke: Diese entsprechen nicht sofort der Realität, sie sind deine unreflektierten Ideen. Also gilt es zunächst, diese Phantasien zu reflektieren und zu prüfen. Stelle dir die Fragen: „Ist das wirklich wahr? Was davon ist wirklich wahr?"

Beim Tanzen sind es die Musik und der Tanzpartner. Im Leben sind es vielleicht die Möglichkeiten im Hier und Jetzt, das System in dem du lebst, deine Familie, deine Freunde, das Unternehmen, dein Arbeitgeber, die Arbeitsstelle, die Arbeitskollegen, usw… Und ja, es geht um diese besondere Herausforderung, die du als Impuls von außen wahrnimmst.

Es geht also um ein Wahrnehmen, um das Annehmen und damit um ein Be-wusst-Werden und das damit verbunde-ne Bewusst-Sein. Es geht also um ein ständiges Reflektieren und Hinterfragen.

Und: Wer mein erstes Buch „Seelen-balsam", Band 1 kennt, weiß, dass ich sehr gerne im Zwiegespräch reflektiere. Diesem Prinzip werde ich auch in diesem Büchlein treu bleiben. Denn wir alle ha-ben unterschiedliche und manchmal auch vollkommen gegensätzliche Stim-men in uns.

Beispielsweise eine Stimme, die heraus-fordert, rebellisch und kritisch spricht und die andere, die verständnisvoll, empathisch und beziehungsorientiert mit uns plaudert. Ich werde diese wider-sprüchlichen Stimmen in mir aufgreifen und damit die verschiedenen Pers-pektiven beleuchten. Auch hier gilt: die-se Aussagen, diese Stimmen sollen nicht bedeuten, dass das nur so richtig und korrekt ist. Nein: es sind Gedanken, Gefühle und auch Handlungen die zum

Nachdenken anregen sollen und die dir immer den Spielraum für das eigene Denken, Fühlen und Handeln lassen.

Übrigens: mehr dazu kommt in Band 2 meines Buches „Seelenbalsam". Darin geht es um diese inneren Stimmen, das innere Parlament. Und mit „BAWINGA", der Zauberformel für (mehr) Lebensfreude kannst du aktiv arbeiten und damit die Grundlage für deine persönliche Resilienz erschaffen.

Das Bambusprinzip®

Wie bereits beschrieben, steht der Bambus schon immer für eine gute Strategie im Umgang mit stürmischen Zeiten: sich biegen und im Wind wiegen anstatt zu brechen.

Bambus ist flexibel, beweglich, zugleich tief verwurzelt, stabil und standhaft.

Mit diesem Prinzip lassen sich zentrale Eigenschaften beschreiben, die uns Menschen im Umgang mit Krisen, Problemen und Herausforderungen helfen können. (Auszug aus dem Buch „Resilienz" von Ella Gabriele Amann)

Leitideen im Umgang mit persönlichen Herausforderungen

Was kann uns im Umgang mit besonderen Herausforderungen unterstützen?

Ella Gabriele Amann beschreibt vier Leitideen, die ich hier aufgreifen werde.

Die Wahrnehmung von Sicherheit

Eine Krise, eine Herausforderung verunsichert, lässt unser Leben wanken. Denn alles, beziehungsweise vieles, was bislang sicher zu sein schien, wirkt jetzt unsicher. Wir wissen nicht, wie sich alles in Zukunft entwickeln wird. Wir wissen unter Umständen nicht, wie es denn im nächsten Monat, in den folgenden Monaten und Jahren weitergeht.

„Wo und wie soll ich also Sicherheit wahrnehmen?"

Erinnerst du dich an meine Metapher, an mein Bild?

Konzentriere dich auf deinen Eimer.

Welche Sicherheiten hast du in deinem eigenen Gefäß, in deinem eigenen Leben?

Die Sicherheit, dass du gut bist und zwar genauso wie du eben bist?

Die Sicherheit deiner Familie?

Die Sicherheit deiner Freunde?

Welches Netzwerk, welche Beziehungen unterstützen dich und geben dir tiefe Wurzeln, die dich dabei unterstützen, dich in deiner eigenen Geschwindigkeit aufzurichten?

Dynamische Stabilität

So manche Krise, so manche Herausforderung nimmt uns Stabilität. Wenig, vielleicht sagst du persönlich sogar nichts, ist mehr so wie es mal war. Und dann behaupten viele Menschen etwas anderes. Wenn du bei „Dr. Google" recherchierst, in einem Fachbuch liest oder Spezialisten befragst: Jeder hat eine andere Idee dazu. Wie kann ich flexibel und beweglich bleiben und dabei meinen eigenen Standpunkt kennen?

„Sicher ist, dass nichts sicher ist. Was ist nun dabei stabil?"

Für mich ist immer wichtig, dass alles aus bestem Wissen und Gewissen geschah und/bzw. geschieht. Und davon gehe ich jetzt mal aus.

Dieses Wissen entsteht aus der Interaktion mit dem was geschieht. Und somit ist es von Vorteil, den eigenen Standpunkt flexibel und beweglich zu verändern.

„Das ist doch alles nicht mehr logisch, ich verstehe nicht, warum...!"

Ja, es ist auch in meinen Augen, in meinen Ohren vieles nicht logisch. Ich entscheide mich bewusst, Dinge zu verändern, die ich verändern kann und hole mir Informationen, wenn ich etwas nicht verstehe. Und ich achte auf die Quellen dieser Informationen.

Hole dir immer zunächst Input aus verschiedenen Quellen und reflektiere diese frei von den Gedanken der Abwertung und der Wertung. So entsteht dein eigenes Bild, das dich unterstützen kann, deinen eigenen Weg in dieser besonderen Situation zu finden und diesen schließlich auch zu gehen. Und ja, das ist eine Herausforderung aber ich habe nie behauptet, dass dies leicht sein würde.

Und bedenke, dass deine Gedanken und Gefühle meist nur deiner Phantasie entspringen. Es gibt irgendeinen Impuls von außen und sofort ist er da: der Gedanke oder auch das Gefühl. In diesen Situationen vergessen wir schnell, dass ein wichtiger Schritt dazwischen fehlt. Ich lade dich dazu ein, diesen Schritt bei dir fest einzubauen: Es kommt ein Impuls und das Gefühl und/oder der Gedanke ist da. Bitte stelle dir jetzt die Frage: Ist das wirklich wahr oder ist das nur meine Phantasie? Also es geht darum, dass du reflektierst, darüber nachdenkst und dieser 1. Reaktion nicht automatisch alles glaubst. Damit meine ich nicht, dass du aufhören sollst, deiner Intuition zu folgen. (Auch darüber kannst du mehr in BAWINGA nachlesen.)

Suche dir Gesprächspartner, mit denen du dich diesbezüglich frei austauschen kannst.

Bilder und Filme wirken tiefer und länger als Worte.

Negative Erinnerungen können noch nach Monaten und sogar Jahren und Jahrzehnten bei vielen Menschen wirken und den Alltag sehr belasten.

Wie ist das bei dir?

Arbeite mit diesen Bildern oder Szenen, damit du die belastende Erinnerung daran loslassen kannst.

Wie geht das? Hier arbeite ich sehr gerne im Selbstcoaching mit den Sätzen der Logosynthese®. Logosynthese® arbeitet mit der Macht der Worte, wurde von Dr. Willem Lammers entwickelt und wirkt sowohl in der begleiteten Beratung als auch im Selbstcoaching. Nähere Informationen dazu findest du im Anhang.

Sicherlich, die Erinnerung an diese belastenden Szenen bleibt. Was du mit den Sätzen der Logosynthese ® mit Leichtigkeit loslassen kannst, das ist die Belastung auf diese Erinnerung.

Und das ist sehr wichtig. Denn:

Respekt ist angebracht. Angst ist selten ein guter Ratgeber.

Situative Anpassung

„Das war schon immer so." Ja, in den meisten Krisen und herausfordernden Situationen gibt es viele Fakten, die erstmal so beschrieben werden und die sich im Verlauf dann so ganz anders darstellen. Jetzt kann ich in dem verharren, was ich damals für mich daraus gefolgert habe oder aber ich gehe mit, ich passe meine Denkweise, meine Einstellung an die derzeitigen Erkenntnisse an.

Und es kann durchaus notwendig werden, dass ich da noch weitere Anpassungen zulasse. Es ist also an dieser Stelle eine sehr gute Idee, wie der Bambus mit dem Wind zu gehen und nicht dagegen anzukämpfen.

„Du drehst dich ja wie ein Fähnchen im Wind! Hast du denn überhaupt eine eigene Meinung?"

Richtig: Dieser Satz kann auch negativ wirken und bedeuten: der sagt zu Jedem und zu Allem „Ja und Amen", dieser Mensch hat keine eigene Meinung.

Ich meine damit, dass ich bereit bin, mit dem was im Hier und Jetzt ist, mitzugehen, durchlässig zu sein.

Durch ganzheitliches Informieren, durch Reflektieren und durch Nachdenken, um dann zu meinen eigenen Schlussfolgerungen zu kommen.

Innere Spannkraft

Und jetzt kommt es darauf an, dass du dich selbst in die neue, der aktuellen Situation entsprechende Position, aufrichtest wenn der Sturm sich gelegt hat.

Was heißt das nun in deiner persönlichen Situation, was bedeutet das in Bezug auf deine konkrete Herausforderung?

Ja genau: Wenn wir in diesen Situationen stehen, dann klingt das schon ziemlich dreist zu behaupten, dass wir uns einfach wieder aufrichten sollen.

Und jetzt schreibe ich davon, dass du dich selbst aufrichten sollst?

„Hallo? Ist bei dir was nicht in Ordnung? Was ist falsch bei dir?"

Diese und ähnliche Gedanken gehen dir vielleicht jetzt durch den Kopf. Und ja, ich verstehe dich sehr gut.

Sicherlich ist es keine gute Idee zu denken, dass du dich aufrichtest und diese Herausforderung ist vorbei. Und es ist auch keine gute Idee zu denken, es wird wieder so wie es vorher war. Es wird nie mehr wieder so sein wie vorher, es wird anders sein. Und vielleicht ist dieses anders auch gut oder sogar besser, als das, was du kennst!? Es gilt also, dass du die neue Position findest. Die Stellung, die der neuen Situation „danach" oder eben „damit" angemessen ist.

Du kannst dir überlegen, welche neue Qualität du dir schaffst, dir schaffen möchtest.

Was in dieser herausfordernden Zeit ist positiv anders als vorher und was davon nimmst du dir bewusst mit beim Aufrichten?

Was nimmst du dir vor und wie setzt du das konkret um?

Dazu habe ich ein paar Ideen für dich

Nimm dir mehr Zeit für dich selbst.

Gehe achtsam(er) mit dir selbst um.

Entwickle Selbstmitgefühl (siehe S. 96).

Erkenne, dass es noch andere Qualitäten in deinem Leben gibt.

Diese Liste ließe sich endlos fortsetzen und ich bin sicher, deine eigene Liste dazu ist mindestens nochmal genauso lang.

Nimm dir doch bitte einen Stift und ein Blatt Papier und fokussiere dich auf das was jetzt, in dieser Situation positiv anders in deinem Leben ist als vorher. Wenn du mittendrin bist, dann fällt dir das vielleicht noch schwer. Warte noch ein paar Tage oder Wochen und stelle dir diese Frage erneut.

Und jetzt schreibe dir deine ganz persönliche Liste dazu.

Ich glaube, du weißt was ich damit meine. Es geht darum, dass du deinen Fokus darauflegst, was du selbst beeinflussen kannst.

Schau auf das Positive und genieße das, was sich positiv verändert hat.

Und genau das verstehe ich darunter, wenn ich dir sage, dass du dich selbst in deiner eigenen Geschwindigkeit durch deine eigene Stabilität in die neue Position aufrichten darfst.

Glück versus Zufriedenheit

„Man muss lernen mit dem zufrieden zu sein und nicht immer das verlangen was gerade fehlt." (Theodor Fontane)

Gerade in herausfordernden Momenten sehnen wir uns danach: „Einmal im Leben möchte ich Glück haben." Kennst du diesen Gedanken? Ich möchte dich auch hier einladen, dir Gedanken dazu zu machen. Bedenke: Glück überdauert immer nur den Moment, es lässt sich nicht festhalten. Wir gewöhnen uns schnell an das neue Handy, die neue Liebe, den Erfolg. Glücklich sein zu wollen ist grundsätzlich schon in Ordnung. Problematisch wird es, wenn wir uns grundsätzlich darum sorgen, wenn wir dem Glück hinterherjagen. Wenn wir also denken, mit etwas Glück würde ich vielleicht gar nicht in dieser unangenehmen Situation sein oder auch ganz schnell wieder hinausfinden.

Nicht falsch verstehen: Du darfst dich von ganzem Herzen freuen, sobald du Glücksmomente erlebst. Dem Glück aber nachzujagen erzeugt eine Gier, die niemals befriedigt werden kann. Denn: Glück ist vergänglich, schwer zu kontrollieren, und es läuft davon, wenn wir es hetzen. Glück bleibt eine Momentaufnahme und jeder Versuch daraus einen Dauerzustand zu machen ist zum Scheitern verurteilt.

Welche Alternative zu Glück gibt es?

Ein tieferes, anhaltendes und ruhigeres Ziel, jenseits der kurzen Euphorie ist die Zufriedenheit.

Zufriedenheit definiert sich nicht über ein extremes Gefühlshoch, sondern über einen Zustand innerer Ruhe in dem wir nichts vermissen. Dieser Zustand scheint übrigens auch eng mit der eigenen Resilienz verbunden zu sein.

Zufriedene Menschen erleben immer wieder positive Emotionen. Negative Emotionen kommen vor, sind nur seltener. Grundsätzlich zufriedene Menschen können besser mit den Herausforderungen des Lebens umgehen, diese verarbeiten und wenn nötig auch annehmen.

Hier wird schnell klar, dass Resilienz, Zufriedenheit und Glücksgefühle zusammengehören. Doch der Horizont der Zufriedenheit ist weiter, Zufriedenheit beschreibt den Blick auf unser Leben insgesamt. Zufriedenheit kommt aus uns selbst und ist eine persönliche Erfahrung. Zufriedenheit ist eine Geisteshaltung, ein tiefes Gefühl von Frieden mit dir selbst und der Welt um dich herum.

Wenn du dich auf deine Zufriedenheit konzentrierst, ist ruhige Gelassenheit eine gute Voraussetzung.

Und: Sei achtsam bei dem was du gerade machst, sonst findet deine Gegenwart statt ohne dass du an ihr teilnimmst.

Beschränke das Gedankenwandern, das Gedankenkarussell. (Auch hierbei kann dich die Logosynthese ® nachhaltig und effektiv unterstützen.) Dadurch wanderst du zum außen, zu anderen und du beginnst zu vergleichen. Ja sicherlich: Vergleichen ist ein menschliches Bedürfnis. Dieses Bedürfnis untergräbt jedoch deine Zufriedenheit. Denn meist vergleichst du dann Äpfel mit Birnen und das auch noch auf einer Basis, die in Wirklichkeit ganz anders sein kann. Die scheinbar so überglückliche Nachbarin

kann auch nur eine Weltmeisterin im Verbergen der eigenen Gefühle sein.
Vergleichen ist das Ende des Glücks und der Anfang der Unzufriedenheit.

Unser Gehirn hat das Bedürfnis zu vergleichen um zu wissen wo wir stehen. Doch anstatt dich mit anderen zu vergleichen könntest du zum Beispiel dein „ICH" im Heute mit dem „ICH" vor einigen Jahren, also Dein „ICH" zu einem früheren Zeitpunkt vergleichen.

Es geht also um Zufriedenheit mit dem was ist und es geht um Achtsamkeit im Hier und Jetzt. Und wenn du das Bedürfnis zu vergleichen wahrnimmst, dann vergleiche dich mit deinem früheren „ICH"! Auch diesen Gedanken sehe ich als eine wichtige Grundlage für die eigene Resilienz. Meine eigene Erfahrung und auch meine Erkenntnisse aus der Arbeit mit Menschen bestätigen mich darin.

Eigene Lösungsansätze

Was nun kann ich dafür tun, dass ich in Balance komme?

Was kann ich tun, damit ich mich nach dem Bambus-Prinzip® in meiner eigenen Geschwindigkeit aufrichten kann?

Wie geht das, dass ich in diesen Zeiten davon ausgehen kann bzw. die Hoffnung nicht verliere, dass ich selbstbestimmt und sozial verantwortlich handeln kann?

Wie halte ich das Vertrauen in mich selbst und in andere stabil?

Und wie gelingt es mir vernünftige Entscheidungen zu treffen?

Wie kann ich diesen Eimer mit dem eigenen Potenzial ausschöpfen ohne durch diesen „Herausforderungs"-Eimer verunsichert, verwirrt, verängstigt und damit in meiner seelischen und/oder psychischen Flexibilität eingeschränkt zu sein?

Sicherlich, das sind doch einige Fragen, die sich mir da stellen. Vielleicht hast du auch noch weitere Fragen dazu.

Ich nehme mir die acht Kompetenz- und Lernfelder des Resilienz-Zirkels nach dem Bambus-Prinzip® als Anker.

Und ich lade dich ein, in diesem Büchlein mit mir durch den Resilienz-Zirkel nach dem Bambus-Prinzip® zu tanzen.

Dazu beschreibe ich diese Kompetenz-, Lern- und Entwicklungsfelder kurz und gebe dir ein paar Ideen, wie du auch in dieser Zeit an deiner ganz persönlichen Herausforderung ansetzen kannst, um dich mit (mehr oder weniger) Leichtigkeit weiterzuentwickeln.

Zunächst findest du bei jedem Feld einleitende Fragen, die du für dich persönlich klären kannst. Dann beschreibe ich, was sich in diesem verbergen kann und was du damit tun kannst.

Es geht mir darum, wie du in dieser herausfordernden Zeit, in deiner persönlichen Krise oder Schwierigkeit deine ganz persönliche Resilienz, deine seelische Beweglichkeit auf- und ausbauen kannst.

Diese acht Felder betrachte ich als Konzept meiner Grundhaltungen und Fähigkeiten in meinem Alltag. Denn: Sie machen mich widerstandsfähig (resilient).

Hier findest auch du Haltungen, die dir guttun und dich in dieser Krise bei der Bewältigung deiner persönlichen Herausforderung unterstützen können.

Wie übernehme ich die Verantwortung für meine eigene
seelische Widerstandskraft?

Die acht Felder des Resilienz-Zirkels nach dem Bambus-Prinzip®

Ich bin optimistisch, dass diese Krise auch wieder vorbei geht bzw. ihren Schrecken verliert.

Ich akzeptiere meine Leistungsgrenzen und mache mir realistische Zielvorgaben.

Ich erkenne Herausforderungen und handle lösungsorientiert.

Ich sorge gut für mich und nehme mir meine Auszeiten.

ICH SELBST ENTSCHEIDE

Ich übernehme Selbstverantwortung und warte nicht ab.

Ich hole mir Hilfe und Unterstützung von anderen Menschen.

Ich lerne, bilde mich weiter und gestalte meine Zukunft aktiv.

Fehler dürfen sein und gehören zum Lernen dazu. Bei mir selbst und auch bei den anderen Menschen.

Welche dieser Haltungen kommen dir bekannt, welche eher unbekannt vor?

Was ist deine Idee, was kannst du tun, um diese Einstellungen in dein Leben zu bringen?

Welche dieser Haltungen sind
mir bekannt und welche eher
unbekannt?

Optimismus & positives Selbst- und Weltbild

„Ja und ich werde mich weiterentwickeln!"

„Tu zuerst das Notwendige, dann das Mögliche und plötzlich schaffst du das Unmögliche." (Hl. Franz v. Assisi)

Optimismus & positives Selbst- und Weltbild

Gelingt es dir, Energie und Aufmerksamkeit auf das zu lenken, was funktioniert und gut läuft?

Stellst du deine Stärken und gemeinsame positive Erfahrungen ins Zentrum deiner Aufmerksamkeit?

Hier geht es unter anderem um eine optimistische Grundhaltung im Leben. Ein Fehler ist dein Freund, dadurch darfst du lernen und dich weiterentwickeln. Du kennst deine Fähigkeiten und weißt, was in dir steckt: Ressourcen, Talente und Fertigkeiten.

Veränderungen sind für dich zunächst positiv, du kannst dich gut darauf einlassen. Und du siehst das halb volle und nicht das halb leere Glas Wasser.

Auch in Krisen gelingt dir ein gewisser Abstand und damit der Blick auf die Gesamtsituation. Du siehst was gut läuft und lenkst deine Aufmerksamkeit auf Stärken und positive Erfahrungen.

Konzentriere dich darauf, was gut läuft. Schwierigkeiten und Probleme siehst du, sprichst diese an und/bzw. aus und suchst nach positiven Ausnahmen.

Und du weißt, dass Worte die Energie und Kraft haben zu verändern: positiv wie auch negativ.

„Und wie soll das nun in dieser Zeit, in Zeiten von sich überlagernden Krisen funktionieren? Wie blauäugig muss man dazu sein?"

Wie also funktioniert dieses Kompetenz-, Lern- und Entwicklungsfeld „Optimismus & positives Selbst- und Weltbild?

Nun: achte auf ausreichend Abstand zu diesem „Herausforderungs- oder Problem"-Eimer und schaue auf das halb volle Glas. Betrachte das, was es gerade an Einschränkungen an Fakten gibt, die du nicht beeinflussen, nicht verändern kannst.

Und berücksichtige auch das, was du eigenmächtig beeinflussen und/bzw. verändern kannst.

Blicke auf dein eigenes Gefäß.

Und konzentriere dich auf das Positive in deinem Leben. Ich habe Zeit, Bücher zu schreiben, ich bin weniger unterwegs und mein Mann arbeitet überwiegend daheim. Was ist es bei dir?

Fällt dir da auch Einiges ein? Überlege bitte und antworte nicht sofort mit „NEIN".

Konzentriere dich auf die Macht der Worte und arbeite an deiner positiven Sprache.

Denn Gedanken werden zu Worten und Worte werden zu Taten und Situationen.

Nimm das Bild von den beiden Eimern mit in deinen Alltag, um dich immer wieder daran zu erinnern, wie wichtig es ist, bei dir zu bleiben.

Sei optimistisch, dass diese Krise, dieses Problem, diese Herausforderung ihren Schrecken verlieren wird und nimm an, dass es nicht mehr so sein wird, wie vorher.

Du weißt, was du kannst und traust dir zu, auch in dieser Situation gut zurecht zu kommen.

Übernimm die Verantwortung dafür, dass du immer wieder daran arbeitest, dieses Feld auf- und auszubauen. Denn das eine ist, was von außen kommt, was du nicht verändern kannst.

Das andere ist, dass du deine Perspektive verändern kannst. Achte darauf, dass dieses andere Gefäß in einem für dich passenden Abstand von dir steht. Und du kannst deine Reaktion auf das von außen Kommende beeinflussen und daran arbeiten.

Und du kannst dich immer wieder darauf konzentrieren, was sich positiv in deinem Alltag zeigt.

Welche Krisen hast du in deinem Leben bereits erfolgreich überstanden? Wie hast du diese überstanden und wie kannst du aus diesen Erfahrungen in dieser aktuellen Situation lernen?

Nimm dir Zettel und Papier und schreibe auf, was du gut kannst.

Dies sind deine persönlichen Talente, deine Fertigkeiten und auch deine besonderen Eigenschaften.

Und jetzt rede mit deiner Familie, mit Freunden und Kollegen darüber und bitte um ein persönliches Feedback.

Alle deine Fähigkeiten, Talente & Ressourcen sind in deinem Gefäß! Es liegt in deiner Verantwortung, dieses regelmäßig zu füllen.

Akzeptanz & Realitätsbezug

„Ja und ich darf mich abgrenzen!"

„Alles vermag ich durch den, der mich stärkt." (Hl. Paulus)

Akzeptanz & Realitätsbezug

Wie gelingt es dir, Frustration und Über-forderungsgefühlen vorzubeugen und selbst für Motivations- und Erfolgserleb-nisse zu sorgen?

Betrachtest du Unklarheiten und Irri-tation (z.B. in dieser herausfordernden Zeit, in dieser persönlichen Krise) als etwas völlig Normales und bist du in der Lage, diese anzusprechen und anzuneh-men?

Hier geht es beispielsweise darum, dass du deine Leistungsgrenzen akzeptierst. Du weißt, dass du selbst für deine eigene Motivation und auch für Erfolgserlebnis-se sorgen darfst.

Auch kennst du deine Grenzen und akzeptierst diese.

Du lässt Gefühle zu, auch wenn diese mal schmerzhaft sind. Also zeigst du auch, wenn du Angst bekommst, wo das noch alles hinführen wird. Du sprichst mit

Menschen darüber und baust diese Angst ab. Bevor dieses Gefühl beginnt dich festzuhalten sorgst du dafür, dass du es wieder loslassen kannst. Bedenke dabei, dass es grundsätzlich keine schlechten Gefühle gibt: Jedes Gefühl möchte dir etwas mitteilen, hat eine Botschaft für dich. Also nimm sie an und reflektiere.

Das liegt in deiner Verantwortung. Und dazu gibt es doch einige Methoden und Möglichkeiten, die dich dabei unterstützen.

Ich male, schreibe und ich arbeite mit den Sätzen der Logosynthese® in der Selbstanwendung. (Mehr Informationen dazu findest du im Anhang dieses Büchleins.). Auch die erste Auflage dieses Büchleins war eine meiner ganz persönlichen Copingstrategien, um die Coronapandemie aufzuarbeiten.

Welche Methoden, welche Möglichkeiten unterstützen dich darin?

Ein weiterer Bestandteil dieses Lernfeldes ist die Kunst, NEIN zu sagen, dich abzugrenzen und dich zu trauen, dass du dich dabei unter Umständen auch mal unbeliebt machen könntest.

Du weißt, dass du es nicht Jedem recht machen musst. Du darfst zu dir stehen und es ist gut so.

Du stehst zu dir und deiner persönlichen Position und bist bereit, dies auch auszuhalten.

Du bist achtsam mit dir selbst, nimmst wahr, wenn du überfordert bist und meldest auch mal Bedenken an.

Und du bildest dich weiter und gestaltest dabei aktiv deine Zukunft.

„Na klar, liest sich super schlau und klingt auch so einfach. Aber wie soll das in dieser Zeit, wie soll das in Krisen, wie soll das in Verbindung mit diesem aktuellen Problem gehen?

Wie also funktioniert dieses Kompetenz-Lern- und Entwicklungsfeld „Akzeptanz und Realitätsbezug"?

Du betrachtest den „Problem-Eimer" in dem deine ganz persönliche Herausforderung ist und gehst respektvoll damit um. Und du achtest darauf, dass du ausreichend Abstand hältst von diesem Gefäß.

Und du kümmerst dich um dich selbst. Du lässt es auch zu, dass es dir schlecht geht und du redest darüber. Genauso wichtig ist es, dass die Zeiten mit dem „Problem"-Blues nicht das Ruder übernehmen in deinem Leben.

Wie schaffst du das?

Das darfst du dir Tag für Tag aufs Neue vornehmen. Deshalb auch meine Bitte am Anfang des Büchleins, dies immer wieder und wieder zu lesen und deine eigenen Gedanken und Lösungen dazu aufzuschreiben. Wenn es dann mal ganz schlimm wird, dann erinnere dich an das, was dir zur Verfügung steht, damit du wieder aktiv hinausfindest aus diesem Zustand.

Ich male, ich tanze und ich arbeite mit den Sätzen der Logosynthese ®. (siehe Anhang des Büchleins)

Was ist deine Methode, die für dich passende Lösung?

Auch hierfür habe ich eine Metapher, die hilfreich dabei sein kann, zu akzeptieren was eben ist. Und dieses Bild kann dich darin unterstützen, liebevoll deine eigenen Stärken, Potenziale und auch Schwächen und Ressourcen anzunehmen.

Mein Baum, meine Affen

Ich sehe einen Baum. Auf diesem Baum gibt es Affen, das sind meine Affen. Wenn es dir besser gefällt, kannst du dir deinen Baum auch mit Vögeln, mit Katzen oder sonstigen Tierchen oder anderen Bewohnern vorstellen. Wichtig dabei ist, dass diese „Bewohner" deine Bewohner sind.

Mein Baum ist ein „Bambusbaum" und dieser ist fest verwurzelt und ich kenne und akzeptiere meine Affen. Sie gehören zu mir. Manche dieser Äffchen zeigen sich offen, manche sind versteckt. Auch ich bin immer wieder überrascht, was da noch alles im Verborgenen „herum hüpft".

All dies sind meine persönlichen Grenzen, meine Ängste und all die angenehmen und natürlich auch die eher unangenehmen Gefühle.

Und es sind meine Talente, meine Fähigkeiten, Stärken und Neigungen. Alles das, was ich selbst beeinflussen kann. Alles, was in meiner ganz persönlichen Verantwortung und/bzw. in meiner Macht liegt.

Ich setze mich immer wieder damit auseinander, weiß, dass meine Affen da sind nehme diese liebevoll an. Sie gehören zu mir.

Ich bin einzigartig und weiß um meine Stärken und auch um meine Potenziale.

Es geht um meinen Baum und um meine Affen.

Was ist dein Bild?

Hast du auch einen Baum oder ist es etwas ganz anderes?

Und welche „Bewohner" gibt es für dich?

Sei dir darüber bewusst und gehe achtsam und liebevoll damit um.

Akzeptiere dich so wie du eben bist und bleibe in deiner ganz persönlichen Realität.

Damit gewinnst du an Stärke, Zuversicht und Gelassenheit, auch und vor allem in dieser Herausforderung.

Denn natürlich gibt es da noch viele andere Bäume mit vielen anderen Bewohnern.

Deine Überlegung könnte sein: Ist das mein Baum mit meinen Affen (Bewohnern) oder ist das ein anderer Baum?

Die Frage lautet also: Mein Baum, meine Affen oder dein Baum und deine Affen?

Übersetzt könnte dies heißen: Ist das mein Thema, das ich verändern kann oder ist es das Thema eines anderen, das mich nichts angeht?

Mache ich mich gerade zum unerwünschten Retter oder zum nervenden Verfolger indem ich ungefragt helfen möchte?

Kennst du Menschen, die im Moment besser mit ihrem Energiemanagement zurecht zu kommen scheinen?

Frage nach, wie sich diese Menschen das organisieren.

Und überlege dir dann, wie du diese Strategien auf dein Leben, auf deine Lebenssituation übertragen könntest.

Nimm dir Zettel und Stift und notiere deine eigenen Gedanken und Ideen dazu.

Lösungsorientierung & Kreativität

„Ja und ich habe Freude daran, meine Situation zu verbessern!"

„Sei fröhlich. Es ist notwendig, heiteren Sinnes zu sein." (Hl Philipp Neri)

Gelingt dir ein offener Umgang mit Problemen?

Was tust du dafür, um Probleme und Lernfelder rechtzeitig zu erkennen und auch anzusprechen?

Hinterfragst du alte und bisher für gut geheißene Lösungsansätze auf deren Wirksamkeit?

Bist du bereit, bei Bedarf auch neue Lösungsansätze zu überdenken und zu etablieren?

In diesem Feld geht es unter anderem darum, offen mit Herausforderungen, Problemen, Krisen und Fehlern umzugehen.

Wichtig dabei ist zunächst einmal diese selbst anzunehmen und auch anzuerkennen. Nach dem Bewusst-Werden, dem Bewusst-Sein geht es darum, auch bewusst damit umzugehen.

Es geht darum, unterschiedliche Perspektiven, Ressourcen und Potenziale zu erkennen und zu nutzen. Schau über deinen eigenen Tellerrand hinaus.

Und sei flexibel und bereit, frühere Lösungen zu überdenken und neue Lösungen zuzulassen.

Hinterfrage eigene Annahmen, Alltagsroutinen und Gewohnheiten regelmäßig.

Theoretisch nachvollziehbar und stimmig, oder!?

„Ja klar: Wieder so eine tolle Theorie. Was soll das in diesen Zeiten? Ist doch weit weg von meinem Alltag!"

Wie nun gelingt Lösungsorientierung & Kreativität in diesen Zeiten?

Wie kannst du in besonderen Herausforderungen lösungsorientiert und kreativ an diese Situationen herangehen?

Kennst du folgendes Gebet?

„Lieber Gott, bitte gib mir die Gelassenheit, Dinge hinzunehmen, die ich nicht ändern kann, den Mut, Dinge zu ändern, die ich ändern kann und die Weisheit, das eine vom anderen zu unterscheiden."

In diesem Gebet steckt viel Wahrheit. Nur: wie machen wir das mit einem konkreten Problem, in dieser persönlichen Krise? Es gibt verschiedene Stimmen, die behaupten sie würden die Wahrheit verkünden. Und diese Wahrheiten ändern sich ja auch immer wieder.

„Was also bitte ist wahr?"

Was ist dein Ziel, welche Lösung ist deine „richtige" Lösung und wie machst du es, dich kreativ auf deine bestmögliche Lösung zu konzentrieren?

Nun, ich weiß nicht, was dein Ziel ist. Mein Ziel ist es, dass meine Familie und ich gesund bleiben und ich werde alles dafür tun, was mir möglich ist. Und wenn das eben nicht (mehr) möglich ist, dann werde ich alles tun, um in der dann neuen Situation bestmöglich leben zu lernen.

Also suche dir Menschen, mit denen du offen über diese Themen sprechen kannst. Und informiere dich regelmäßig, über das, was du wissen musst. Aber lege dir auch dazu eine Obergrenze fest: Lasse dich nicht den ganzen Tag berieseln, sondern plane die Zeiten für Information mit maximal 20 bis 30 Minuten am Tag.

Was ist für dich wirklich wichtig, zu wissen?

Welche neuen Perspektiven ergeben sich für dich und dein Leben aus dieser Situation?

Auch hier habe ich eine Metapher für dich.

Mit dem Kopf an die Wand

Ich sehe eine Wand. Diese Wand ist sehr hoch und sehr breit. Sie versperrt mir den Weg auf das, was ich kenne. Der Weg zu meinem gewohnten Alltag, zu meiner gewohnten Situation ist nicht mehr ersichtlich. Nur in meiner Phantasie weiß ich noch, wie es hinter dieser Wand aussieht. Und manchmal weiß ich gar nicht mehr, wie es wohl hinter dieser Wand aussehen könnte.

Ich weiß nur, dass diese Wand mir meinen Weg versperrt.

Also laufe ich gegen diese Wand, in der Hoffnung, dass diese dann verschwindet. Und nein: die Wand bleibt stehen. Alleine mein Kopf schmerzt durch den Aufprall.

Jetzt entscheide ich mich stehen zu bleiben, in meine Stille zu kommen. Achtsam betrachte ich die Wand. Ich schaue nach oben, nach rechts und nach links. Bewusst nehme ich wahr, was sich mir da in den Weg stellt.

Langsam gewöhnen sich meine Augen an diese Ansicht und ich kann Strukturen auf der vorher auf mich glatt und trist wirkenden Wand erkennen.

Gehe einen Schritt zurück und verändere deine Perspektive.

Und auf einmal, ich weiß nicht wie lange ich dafür gebraucht habe, entdecke ich eine Türe. Ich gehe zu dieser Türe und öffne sie.

Sie zeigt mir meinen Weg. Dieser schaut anders aus, als der, den ich gewohnt bin. Es liegt an mir, durch die Türe zu gehen und den scheinbar neuen Weg zu betreten.

Und er ist auch gut. Er ist halt anders, er ist neu.

Ich werde mich daran gewöhnen und genießen was er mir auch bringen mag. Ich lasse mich auf den neuen Weg ein.

Es ist beruhigend zu wissen, dass es da einen Weg gibt. Es geht weiter. Auch wenn dieser anders ist als das, was ich von „vorher" kenne.

Welchen sicheren Rahmen brauchst du im Moment, um dieses Thema, um diese persönliche Herausforderung gut aushalten zu können?

Wie kannst du dir diesen Rahmen selbst schaffen?

Was brauchst du, um offen über deine Gedanken und Bedürfnisse in Bezug auf diese herausfordernde Situation sprechen zu können?

Überlege dir ganz konkret, wie wunderbar doch dieser neue Weg sein könnte.

Welche Alternativen fallen dir dazu ein?

Nimm dir wieder ein Blatt Papier und notiere deine Gedanken dazu.

Selbstregulation & Selbstfürsorge

„Ja und ich darf gut für mich sorgen!"

„Sei gut zu deinem Körper, damit deine
Seele Lust hat darin zu wohnen."
(Hl. Teresa v. Avila)

Wie ausgeprägt ist deine Selbstwahrnehmung?

Hilft dir deine Selbstwahrnehmung dabei, damit du bestens für dich selbst sorgen kannst?

Kennst und erkennst du deine Verstimmungs- und Stressmuster? Ist dir bewusst, wie du in stressigen Situationen reagierst?

Kennst du deine Grundbedürfnisse, um die du dich kümmern darfst, um gut in stressigen Zeiten reagieren zu können? Damit meine ich nicht nur die physiologischen Grundbedürfnisse, sondern vor allem auch die psychologischen Grundbedürfnisse. Die psychologischen (seelischen) Grundbedürfnisse nach Eric Berne bilden die Grundlage der von mir beschriebenen Grundbedürfnisse. Diese Bedürfnisse sind für unser Wohlbefinden immens wichtig. Sind diese nicht gedeckt, dann kommen wir in Stress. Im schlimmsten Fall werden wir krank. (Mehr dazu auch in BAWINGA)

Kennst du deine eigenen Potenziale und bist du bereit dazu, diese auszuschöpfen, um Krisen und stressige Situationen erfolgreich zu bewältigen?

Selbstregulation & Selbstfürsorge meinen, achtsam mit dir selbst umzugehen. Es geht darum zu wissen, wie gut du für dich selbst sorgen kannst und wie du dir deine persönlichen Auszeiten einplanst und vor allem auch durchhältst und genießt.

Was geschieht, wenn wir mit akutem Leid, Traumatisierungen und Krieg konfrontiert werden? Krieg und Traumatisierungen bringen die Zerstörung fundamentaler Grundannahmen über die Welt mit sich. Dies stellt eine ganz eigene Form der Belastung dar.

Was können wir jetzt für uns und für andere tun?

Voraussetzungslose positive Aufmerksamkeit schenken und zwar in erster Linie uns selbst und dann den Anderen.

In Beziehung gehen: mit uns selbst und mit anderen sowie positive Emotionen unterstützen.

Wie also können wir dem Leid begegnen?

Leid sollte einen geschützten Raum bekommen, der hilft, innere Widerstände zu überwinden, das Leid anzunehmen und auszuhalten. Einer der hilfreichsten Wege, dem Leid etwas entgegenzusetzen ist übrigens auch selbst zu helfen.

Annahme und Wertschätzung von Leid

Leid braucht Annahme und Leid braucht Raum. Denn wir bewerten unser Gefühl und lösen damit ein weiteres Gefühl aus. So entsteht u.a. die Angst vor der Angst. Wenn du Leid minimieren möchtest, geht es auch darum, den Widerstand zu überwinden. Hier gilt der Grundsatz:

„What we can feel, we can heal."

Vermeide also erzwungene Positivität, positive Perspektiven oder zu frühes Reframing (umdeuten). Es geht um voraussetzungslose positive Aufmerksamkeit. Dies ist ein Schlüssel zur Begegnung einer möglichen Linderung.

Damit du eine weitere Idee bekommst, welche deiner persönlichen Grundbedürfnisse du unterstützen könntest, um deine persönliche Resilienz zu erhöhen, hier noch eine Aufzählung der psychologischen Grundbedürfnisse.

Psychologische Grundbedürfnisse (Eric Berne)

- Zeit strukturieren – gezielt nutzen und ausfüllen
- Anerkennung für Kompetenz
- Anerkennung von Arbeit und Leistung
- Wissen und Information
- Bestätigung über Wertehaltung
- Bestätigung von Leistung und Engagement

- Respekt als Person
- Vertrauen und Sicherheit
- Persönliche Zuneigung
- Anregung (Stimulierung) der Sinne
- Austausch von echten Gefühlen
- Harmonie und Beziehung
- Abwechslung und Action
- Herausforderung
- Spannung
- Wettbewerb
- Konkrete Anweisungen
- Zeit für Besinnlichkeit
- Abstand und Distanz
- Psychischer und physischer Rückzug
- Humorvolle Kontakte und Erlebnisse
- Anregender Zeitvertreib
- Stimulierende Umgebung
- Unabhängigkeit und Freiheit

Und wie geht das, wie kann das überhaupt in diesen Zeiten bei dir persönlich funktionieren?

„Ist das alles Theorie oder was?"

Beantworte dir doch einmal folgende Fragen:

Was waren drei Situationen, in denen du dich besonders lebendig und motiviert gefühlt hast?

Welche Einzelheiten in deinem Umfeld haben diese Lebendigkeit und diese Motivation gefördert?

Und dann gleiche dein Ergebnis mit den oben angegebenen Grundbedürfnissen ab. Was passt zu deinen Antworten?

Und: was kannst du tun, damit dein Gefäß mit deinen psychologischen Grundbedürfnissen immer gut gefüllt ist?

Du bist hier dein Projekt. Nur wenn du dich genauso wichtig nimmst wie alles andere in deinem Leben, kannst du diese Kompetenzen lernen und ausbauen. Und eventuell klappt es ja auch nicht gleich mit dem „Umdenken".

Vielleicht ist dir dabei folgende Ge-
schichte, folgendes Bild hilfreich.

Der Fremdkörper

Vielleicht kennst du ja dieses Gefühl?
Deine Fingerspitze schmerzt, sobald du
irgendetwas damit berührst. Du schaust
dir den Finger an und siehe da: da ist ein
Glassplitter in der Fingerkuppe.

Erstmal ist keine Zeit, dass du dich darum
kümmerst. Also streckst du den Finger
einfach weg, wenn du beispielsweise
Gegenstände anfassen möchtest. Du
nimmst einfach die anderen vier Finger.

Das wird langsam zur Gewohnheit, weil
Zeit hast du noch immer nicht, dich darum zu kümmern.

Und so im Hinterkopf ist dir auch ein biss-
chen unwohl dabei: das tut sicher weh,
wenn dieser Fremdkörper entfernt wird.
Irgendwann entzündet sich dein Finger,
der Fremdkörper beginnt richtig unangenehm zu werden.

Also entschließt du dich schweren Herzens, den Glassplitter entfernen zu lassen.

Du vereinbarst also einen Termin beim Arzt und lässt diesen Fremdkörper aus deinem Finger entfernen.

Gesagt, getan und was geschieht?

Du hast noch immer Schmerzen, wenn du diesen Finger ganz normal einsetzen möchtest.

Alles umsonst?

Nein: du darfst beginnen, diesen noch nicht verheilten Finger bewusst und vorsichtig mit einzusetzen. Und irgendwann bemerkst du, dass du völlig schmerzfrei bist.

Genauso ist es mit Veränderungen, die du bewusst angehst: du darfst bewusst und achtsam dranbleiben.

Also gib nicht gleich auf, wenn es sich erstmal „komisch" anfühlt, dieses neue Tun, dieses neue Handeln, dieses neue Denken und/oder dieses neue Fühlen.

Denke daran: Unser System ist ein Gewohnheitssystem. Wenn es schwierig wird, dann geht es gerne den gewohnten Weg, auch wenn dieser unbequem ist und schmerzt.

Habe den Mut und bleib dran, dann wirst du dafür belohnt. Ich habe nie behauptet, dass dies einfach ist. Dennoch lohnt es sich, denn der neue Weg, die neue Lösung bedeutet am Ende Entwicklung.

Nimm dir Zettel und Papier und notiere, was du in den nächsten drei Tagen Gutes für dich tun möchtest.

Und dann beginne sofort damit, den ersten Punkt umzusetzen.

Selbstverantwortung & Selbstwirksamkeit

"Ja und ich nehme das jetzt selbst in die Hand."

"Habe Geduld mit allen Dingen. Aber besonders mit dir selbst." (Hl. Franz von Sales)

Übernimmst du Selbstverantwortung oder wartest du ab, ob sich andere ändern, damit es für dich passt?

Besitzt du die Fähigkeit, aktiv kleine Schritte in Richtung Veränderung zu gehen?

Nimmst du anstehende Krisen und Probleme bewusst wahr und stellst dich diesen?

In diesem Lernfeld geht es auch darum, zu wissen, wofür du zuständig bist und wofür eben nicht.

Um die eigene Selbstwirksamkeit erleben und leben zu können braucht es Mut und Tatkraft. Du darfst ins Vertrauen gehen, dass du selbstwirksam bist, dass du selbst Dinge in deinem Leben bewirken kannst.

Du setzt Pläne um, triffst Entscheidungen und weißt, dass du einmal getroffene Entscheidungen jederzeit verändern kannst.

„Was kann ich jetzt in dieser Situation überhaupt noch selbst entscheiden? Über das was erlaubt und eben verboten wird, entscheiden unter Umständen Andere. Diese Anderen entscheiden darüber, wie mein Leben weitergeht."

Diese Gedanken kenne auch ich sehr gut. Es ist auch durchaus in Ordnung, zu hadern. Und dann ist es wichtig, zu suchen, was dir persönlich in der jeweiligen Situation weiterhelfen könnte.

Also welche Entscheidung gilt es für dich als nächstes zu treffen, um wieder handlungsfähig zu werden?

Denn genau diese Überlegung könnte auch für dich hilfreich sein. Also was genau kannst du tun in dieser Situation?

Auch hierfür habe ich ein Bild, das ich dir mit auf deinen Weg geben möchte.

Mein Rucksack, dein Rucksack

Jeder Mensch hat seinen eigenen Rucksack. In diesem sind die eigenen Themen, Probleme, Herausforderungen. Manchmal sind dies mehr, manchmal weniger.

Manchmal drückt der Rucksack und ein anderes Mal nimmst du diesen nicht wahr. Wenn wir nun mit Menschen sprechen oder generell in Kontakt sind, deren Rucksack diese gerade sehr stark beeinträchtigt, dann gibt es eine ganz normale menschliche Reaktion.

Der Mensch, dir gegenüber, mit dem stark gefüllten Rucksack möchte diesen erleichtern. Und aus dieser Not heraus unternimmt er den Versuch, ein besonders unangenehmes Teil aus seinem Rucksack in deinem Rucksack unterzubringen.

Wie schaut das in der Praxis aus? Nun, vielleicht hat sich dein Gesprächspartner gerade über einen anderen Menschen geärgert. Oder aber er hat ein schlechtes Gewissen, weil er meint, er würde sich zum Beispiel zu wenig um xy kümmern. Dann ist dessen Rucksack gerade ziemlich stark gefüllt.

Ein Bedürfnis dieses Menschen ist es jetzt, das, was da zu viel ist, also diesen „Überschuss", loszuwerden. Also keift dich dieser Mensch an und du weißt überhaupt nicht was da los sein könnte. Das kann man zum Beispiel bei Angehörigen im Krankenhaus, bei Eltern im Kindergarten und in vielen anderen unangenehmen Situationen sehr gut beobachten. Der Angehörige, die Mama oder der Papa, der Ehepartner, sie haben aus verschiedensten Gründen ein persönliches Problem, beispielsweise ein schlechtes Gewissen. Und dann wird der Pflegende oder das Kindergartenpersonal angegriffen.

Es gehören jedoch immer zwei Menschen dazu: einer der angreift und einer der darauf reagiert. Wenn du weißt, dass dies nichts mit dir zu tun haben muss, dann kannst du vielleicht auch mit meinem Bild mitgehen.

Ich habe zwischen mir und meinem Gesprächspartner einen unsichtbaren Tisch stehen. Darauf lasse ich die Themen des Anderen ablegen. Ich unterstütze gerne dabei, dass sich der andere dies genauer anschaut. Nur bei mir, also in meinen Rucksack kommt nichts hinein, was nicht zu mir gehört!

Was hast du davon, wenn du in dieser herausfordernden Situation untätig bleibst? Oder anders gefragt: Was bringt es dir, wenn du die Gepäckstücke deines Gegenübers bei dir abladen lässt?

Schreibe fünf Vorteile auf.

Genieße diese solange bewusst, bis du einen größeren Vorteil darin erkennst, etwas zu verändern.

Was genau möchtest du verändern?

Wie organisierst du dir das?

Und was benötigst du dazu?

Nimm dir wieder Papier und Stift und schreibe deine Gedanken auf.

Die zwei Seiten des Tsewas

Tsewa ist ein fernöstlicher Begriff und meint sowohl das Mitgefühl mit anderen als auch das Selbstmitgefühl. Sicher ist es auch für dich normal oder selbstver-ständlich, anderen beizustehen, wenn es diesen nicht gut geht: du ermunterst, hebst die Stärken des anderen hervor und strahlst Optimismus aus. Also an-deren Menschen gegenüber Mitgefühl zu zeigen ist normal und ok, oder?

Wie ist das mit dir selbst? Ist es bei dir auch so, dass du dir gegenüber gerne und schnell harsche Kritik übst und nicht an Vorwürfen sparst, wenn mal was nicht so funktioniert? Statt Stärken zu betonen und vergangene Erfolge zu sehen, siehst du Schwächen und Verfehlungen. Plötz-lich ist nicht nur dein Verhalten das Problem, sondern deine ganze Person und die Kritik, also deine Selbstkritik läuft in alle Richtungen. Du bist unerbittlich mit dir selbst.

Die Person, die du am besten kennst, machst du fertig. Ist es so? Oder ist es manchmal so? Sei ehrlich zu dir.

Tsewa ist tibetisch und bedeutet Mitgefühl. In der buddhistischen Kultur

Tibets werden zwei Richtungen beschrieben: Mitgefühl und Selbstmitgefühl.

Warum ist es wichtig, mit uns selbst fühlen zu können? Wir bewerten unser Gefühl und lösen damit u.U. ein weiteres Gefühl aus.

Selbstmitgefühl findet auf Augenhöhe statt. Begegne dir selbst gegenüber freundlich und mitfühlend. Scheitern ist ein normaler Zustand, der zum Leben gehört. Auch wenn wir uns in Niederlagen oft ganz alleine zu fühlen scheinen, also Gedanken kommen wie in etwa: „Nur ich, allen anderen geht es besser, alle anderen schaffen das nur ich nicht".

Übe dich in Achtsamkeit anstelle von Überidentifizierung. Akzeptiere negative Emotionen ohne diese zu bewerten. Mit Überidentifikation meine ich, ein Problem derart aufzublähen, mich also sosehr damit zu identifizieren, dass meine Welt aus den Angeln gerät.
Mit Selbstmitgefühl erkenne ich mein Leid und begegne mir dann freundlich,

warmherzig und wohlwollend. Scheitern ist somit eine geteilte Erfahrung, die ich nicht werte. Ich lasse die Gefühle, die ich dabei empfinde zu und nehme diese an.

Wenn wir uns bedroht fühlen, reagieren wir mit Kampf, Flucht oder Einfrieren. Kommt die Bedrohung aus uns heraus in Form von belastenden Emotionen (es gibt keine schlechten Gefühle. Jedes Gefühl sagt uns etwas, will uns helfen) wie Scham oder Sorgen, reagieren wir genauso und attackieren uns selbst.

Kampf wird zu Selbstkritik.

Flucht wird zu Isolation.

Einfrieren wird zu düsteren Gedankenkreisen.

Es geht also darum, das eigene Leid anzuerkennen anstatt es zu verdrängen. Mit Selbstmitgefühl bewahre ich Ruhe, werde kein Teil des Dramas, bleibe gelassen und beobachte was ich fühle.

Meine Metapher dazu ist ein Schwamm: Ich stelle mir vor, ich bin ein Schwamm und lasse zu, was da kommt. Durch meine Durchlässigkeit kann ich entscheiden, was einfach durchgeht und was ich annehme, damit ich dadurch lernen, mich weiterentwickeln und damit in meiner Persönlichkeit wachsen kann.

Der Schwamm ist durchlässig und schützt

Beziehungen & Netzwerke

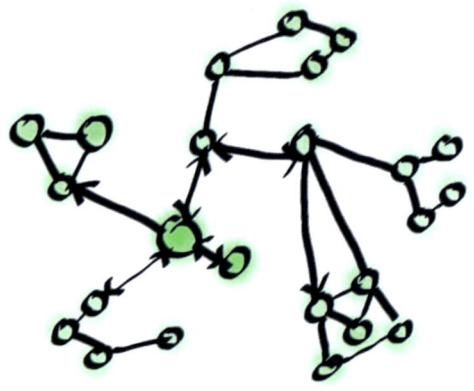

„Ja und ich habe Wertvolles zu geben!"

„Wir werden nie wissen wieviel Gutes ein einfaches Lächeln vollbringen kann." (Hl. Mutter Teresa)

Bist du in der Lage und auch bereit dazu, eine gesunde Grundhaltung einzunehmen, mit der du dich aktiv anderen Menschen zuwenden kannst?

Wie aufgeschlossen und wertschätzend gehst du auf andere Menschen zu?

Fühlst du dich in Augenhöhe mit anderen Menschen?

Gestehst du dir und anderen zu, Fehler zu machen, ohne abzuwerten?

Bietest du Hilfe an und pflegst Beziehungen und Netzwerke?

Beziehungen und Netzwerke, damit meint das Bambus-Prinzip® u.a. das Wissen darum, welche Menschen dir wichtig sind und mit wem du dich mehr umgeben möchtest.

Bist du dir deiner eigenen Vorbildfunktion bewusst?

Du weißt, wen du um Hilfe bitten könntest, also wer bereits Erfahrungen mit oder in dieser oder in ähnlichen Situationen hat.

Du erlaubst dir, um Hilfe zu bitten und diese anzunehmen. Und du bietest auch anderen Menschen Hilfe und Unterstützung an.

Die gegenseitige Wertschätzung und die Pflege von Netzwerken und Beziehungen ist eine wichtige Grundlage für deine seelische Widerstandskraft.

Du suchst dir positiv wirkende Vorbilder.

Achtung: Auch negativ wirkende Vorbilder machen etwas mit dir!

„Und wie soll das jetzt in dieser Zeit mit diesem Problem, in dieser Herausforderung oder gar Krise gehen?

Netzwerken und Beziehungen pflegen?"

Ja, das sind wirklich gute Fragen. Du kannst wütend durch die Gegend laufen, deine Wut an irgendjemand auslassen, der nichts dafürkann, du kannst diese Wut gegen dich selbst einsetzen oder du kannst erst einmal die Wut, den Ärger, die Angst entladen.

Und dann kannst du von der Wand wegtreten, kannst also einen anderen Standpunkt einnehmen und kannst so nach Alternativen suchen.

Wie wäre es mal wieder mit Briefe und Grußkarten schreiben? Oder mit telefonieren? Oder du schreibst eine E-Mail oder du sprichst in einem Videochat mit deinen Freunden und Bekannten? Hole dir ein gutes Getränk, lade Freunde ein und plaudert miteinander.

Hilfst du lieber anstatt um Hilfe zu bitten?

Mit wem könntest du dich in dieser Situation in Verbindung setzen und um Unterstützung bitten?

Manchmal ist ja ein Gespräch bereits eine große Hilfe.

Auch hierzu möchte ich dich mit einem Bild bzw. einer kleinen Übung unterstützen.

Gewohnheit: Eine Übung

Nimm doch mal beide Hände nach oben, also rechts und links neben deinem Kopf. Jetzt falte sie ganz schnell vor dir.

Beachte jetzt, welcher Daumen oben ist.

Der rechte oder der linke?

Jetzt nimm sie wieder nach oben. Sehr schnell faltest du deine Hände wiederum. Diesmal muss der andere Daumen oben sein.

Wie geht das? Ungewohnt, oder?

So ist es mit Gewohnheiten. Wenn du bislang eher Hilfe gegeben und weniger darum gebeten hast, dann ist das erstmal ungewohnt.

Alles, was du in dieser Herausforderung, in dieser Krise, mit diesem belastenden Thema jetzt anders gestalten darfst, fühlt sich erstmal „komisch" und ungewohnt an.

Dennoch kannst du dich durch Übung daran gewöhnen. Und vielleicht gibt es ja auch noch viel bessere Lösungen als das, was du schon immer getan hast.

Und wenn du dir aktiv Unterstützung holst, dann kannst du dir weitere Ressourcen schaffen, die vor diesem Problem undenkbar waren.

Was sind deine Gewohnheiten, die du jetzt sanft und achtsam verändern darfst?

Wer oder was kann dich dabei unterstützen?

Nimm dir Papier und Stift und schreibe deine Ideen auf.

Zukunftsgestaltung & Visionsentwicklung

"Ja und ich kann meine eigenen Visionen leben."

"Ich habe einen Platz in Gottes Plan, auf Gottes Erde, den kein anderer hat." (Hl. John Henry Newman)

Nimmst du durch klare Visionen bewusst Einfluss auf deine Zukunft?

Siehst du Sinn in deinem privaten und beruflichen Tun?

Bist du der Meinung, dass du an Problemen und Herausforderungen wachsen kannst und dass Krisen Chancen für dich sind?

Hast du Werte für dich entwickelt bzw. bist du dir deiner Werte bewusst, nach denen du leben möchtest?

Schreibe dir eine Liste mit den Dingen, die dir in deinem Leben am wichtigsten sind, denke über deine Werte nach und schreibe sie auf ein Blatt Papier.

Zukunftsgestaltung und Visionsentwicklung, was nun ist damit genau gemeint?

Bist du dir deiner Ziele bewusst und beziehst du dieses Wissen in deinen Alltag ein?

Was sind deine Visionen in deinem Leben?

Du weißt, dass Ziele und Visionen nicht einmal erarbeitet werden und dann fürs Leben feststehen. Du weißt, dass sich diese immer wieder verändern (dürfen).

Wenn du weißt, wohin du möchtest, dann kannst du auch Teilerfolge feiern.

Wertschätzt du, wenn du ein Ziel erreicht hast oder geht es dann gleich auf zum nächsten?

Respektiere auf deinem Weg, dass du ein ganz persönliches und dabei individuelles Tempo hast: Du und auch die anderen Menschen um dich herum.

Gestalte deine Zukunft bewusst und binde andere mit deren Ressourcen dabei ein.

Bleibe flexibel auf deinem Weg.

Auch Ehrenrunden sind erlaubt und sind ehrenhaft, wenn du offen dazu stehst und liebevoll damit umgehst. Damit meine ich zum Beispiel das Wiederholen von Prüfungen und dergleichen, wenn es also nicht beim ersten Mal klappt.

Habe das große Ganze im Blick und bilde für dich annehmbare und passende kleinere Einheiten. Brich also deine großen Ziele herunter in viele kleine Teilziele.

Das klingt doch sehr gut, oder?

„Und wie geht das in diesen Zeiten? Wie geht das in meiner persönlichen Herausforderung? Vielleicht will ich das große Ganze gerade gar nicht sehen!?

Ich habe mir Ziele gesetzt, ich habe Visionen und Werte und jetzt bin ich einfach nur machtlos, weil ich gerade in diesem Moment fremdgesteuert werde oder weil ich mich einfach fremdgesteuert fühle. Und jetzt soll ich auch noch liebevoll damit umgehen!?"

Der Bambus

Bambus ist gut verwurzelt und dabei flexibel und elastisch. Je nachdem von welcher Seite der Wind oder gar der Sturm kommt: Der Bambus geht mit Leichtigkeit mit, er stemmt sich nicht dagegen. In der Gewissheit, dass dieser Sturm sich verändern, der Wind nachlassen wird, geht er in Ruhe und Gelassenheit mit dieser Gegebenheit von außen mit.

Und dann steht der Bambus in der eigenen Geschwindigkeit wieder auf.

Ich habe viel Bambus in meinem Garten gepflanzt. Und manchmal schaut der Bambus nach einem Sturm schon etwas zerzaust aus. Dennoch: Er regeneriert sich nach einiger Zeit wieder und steht wieder da, so wie es für ihn möglich ist.

Genauso mache ich es in diesen Momenten: ich schreibe mir den Ärger und das, was da jetzt alles hochkommt von der Seele.

Was tust du bewusst in dieser Situation?

Vielleicht hilft es dir, mit anderen Menschen zu sprechen. Und dann bin ich mir sicher: auch dieses Tief geht vorüber und du kannst dich dann in deiner Zeit, in deiner Geschwindigkeit aufrichten. Und zwar in eine neue, dann für die aktuelle Situation passende Position.

Wichtig ist nur, dass du diese Gefühle nicht versteckst sondern rauslässt. Auf deine ganz persönliche Art und Weise. Überlege dir dazu deine ganz persönlichen Rituale.

Notiere dein derzeit größtes Problem, deine derzeit größte Herausforderung in Bezug auf deine persönliche Herausforderung.

Wie wird sich dein Leben verändern, wenn du das Problem, dessen Lösung in deiner Hand liegt, gemeistert hast?

Was kannst du dann endlich (wieder) denken, fühlen oder tun?

Wen oder was brauchst du für den ersten Schritt dazu?

Notiere deine Antworten auf einem Blatt Papier.

Improvisationsvermögen & Lernbereitschaft

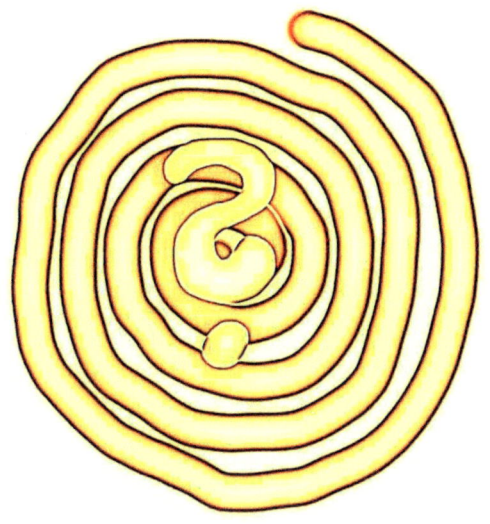

„Ja und ich bin bereit, die Chancen zu nutzen, die da sind!"

„Liebenswürdigkeit, Nachsicht und Rücksicht sind die Schlüssel zum Menschenherzen." (Hl. Don Bosco)

Wie gehst du grundsätzlich mit Fehlern um?

Ärgerst du dich darüber oder fragst du dich, wozu diese gut sein könnten? Überlege einmal: wer sagt denn überhaupt, dass es ein Fehler ist? Welche Lernchance kannst du erst durch diesen Fehler nutzen?

Hast du Lernfelder, Spiel- und Experimentierräume in deinem Leben?

Entwickelst du damit neue Denk- und Verhaltensmuster sowie Routinen?

Hast du die Fähigkeit, dich auf Unbekanntes einzulassen und bist du in der Lage, bei Bedarf zu improvisieren?

Wenn nicht jetzt, wann dann?

Gerade Improvisationsvermögen und Lernbereitschaft können in Zeiten einer in Zeiten von besonderen persönlichen Herausforderungen äußerst hilfreich sein.

Kennst du die Angebote, die jetzt da sind, die dich in diesem Moment unterstützen können?

Weißt du, wie du diese hilfreichen Angebote bzw. Menschen erreichst?

Lass dich auf Unbekanntes ein und schaffe dir Experimentierfelder in denen du für dich selbst ausprobieren kannst, wie es dir mit den verschiedenen Möglichkeiten geht.

Dabei sind natürlich alle Fehler deine Freunde, denn sie unterstützen dich in deiner persönlichen (Weiter-)Entwicklung.

Du kannst hier sehr viel von den Kindern lernen: Kinder staunen und bekommen große Augen, wenn es etwas Neues, Unbekanntes zu erfahren gibt.

Suche dir bewusst Menschen, denen du erzählen kannst, was dir passiert ist. Oder Menschen, mit denen du über das sprechen kannst, wie du dich jetzt fühlst.

Früher saßen die Menschen abends ums Feuer und haben sich über den vergangenen Tag, über die eigenen Erlebnisse und Erfahrungen ausgetauscht.

Suche dir deine ganz persönliche Feuerstelle und rede über das, was dich beschäftigt.

Arbeite und lebe mit dem, was gerade da ist.

Fällt es dir schwer oder leicht, dich auf Unbekanntes einzulassen?

Plane Lernprozesse ein und gib ihnen einen Raum. Lernen braucht Zeit und Energie und wir lernen durch Fehler.

Also freue dich an den Fehlern, die du entdeckst, genau diese sind es, die dich darin unterstützen, dich weiterzuentwickeln.

„Na toll: mich auf Unbekanntes einlassen?

Soll ich jetzt zu allem „Ja und Amen"
sagen? Ich habe Angst, gerade alles zu
verlieren. Und jetzt verlangt da jemand,
dass ich lernbereit sein muss und
improvisieren soll.

Improvisieren muss ich sowieso, aber
wirklich positiv und kraftvoll ist das
nicht für mich."

Ja, das ist eine Möglichkeit. Eine andere
Idee ist es, rauszulassen, was da in dir
passiert, was dich bewegt. Denn alles,
was du in dir drin lässt, in dir selbst
verbirgst, das kann dich krank machen.
Also erstmal raus damit.

Die kontrollierte Sprengung

Das ist wie mit einem Gebäude: Wenn es
versehentlich und ungeplant in die Luft
gesprengt wird, dann entstehen unter
Umständen große Schäden. Wenn dieses
Haus jedoch geplant und damit gut geführt gesprengt wird, dann geschieht im
besten Fall außer einem Riesenknall und
viel Staub gar nichts. Der Raum wird,

nachdem alles Geröll abgetragen ist, frei für NEUES.

Und dann kannst du dir überlegen, was du im Moment zur Verfügung hast, womit du fest rechnen kannst.

Überlege dir, was positiv an dieser Situation ist und lenke deinen Blick ganz bewusst in diese Richtung.

Sei dir darüber bewusst, dass du nicht alleine bist. Suche dir deine Kraftquellen: das Gebet, Meditation, gute Musik, Sport, Waldspaziergänge, u. v. m..

So füllst du deinen persönlichen Eimer und sorgst dich um dein Wohl.

Wenn ein Eimer gut gefüllt ist, dann steht er sicherer. Achtung: wenn er zu voll wird, dann schwappt der Inhalt über. Und: Achte darauf, dass das Richtige überläuft, also das was du nicht brauchst, was weniger hilfreich ist.

Alle deine Stärken und Ressourcen hüte sorgsam.

Wie sorgst du dich darum, dass deine Stärken und deine Ressourcen genährt werden?

Wie organisierst du dir diese „kontrollierte Sprengung"?

Nimm dir Stift und Papier und mach dir deine Notizen dazu.

„War das jetzt alles oder was?"

Was von diesen Fragen und Inhalten ist neu? Eigentlich doch nicht viel, oder?

Also freue dich daran, denn manchmal ist es einfach so, dass du den Wald vor lauter Bäumen nicht siehst. Oder was meinst du dazu?

Siehst du den Wald vor lauter Bäumen noch?

Dein persönlicher Notfallkoffer

Was verstehe ich darunter? Dies ist dein persönlicher Koffer, der für dich passende Methoden, Übungen, Gedanken und insgesamt Handwerkszeug birgt. Alle diese Inhalte sind da und in Situationen, in denen es dir nicht gut geht oder in denen es dir schlecht geht, kannst du mit Leichtigkeit darauf zurückgreifen. Prüfe die verschiedenen Möglichkeiten, was davon für dich passend erscheint. Und: Ja, richtig: diesen Notfallkoffer darfst du in Zeiten füllen, in denen es dir gut geht. Das wäre von großem Vorteil. Denn wenn es erstmal „brennt", also in Momenten, in denen dein Leben aus den Fugen zu geraten scheint, dann ist es meist schwer, nach etwas zu suchen, was dir guttun könnte.

In den vorangegangenen Kapiteln findest du bereits ein paar Gedanken, Methoden und Metaphern. Sprechen dich diese an, dann übernimm sie. Auf den folgenden Seiten findest du noch ein paar weitere Möglichkeiten. Vielleicht sind ja auch noch weitere Impulse dabei, die dich in schwierigen Situationen unterstützen, dich begleiten und dir dabei helfen, dass du annehmen kannst, was eben gerade ist. Andere, hier beschriebene Übungen sind auch sehr gute prophylaktische Maßnahmen, die dir helfen, in herausfordernden Situationen ruhiger bleiben zu können.

Eine Frage, die dich vielleicht an dieser Stelle beschäftigt, ist, wie Resilienz messbar ist. Scheinbar beschäftigt dich dieses Thema in diesem Moment auf irgendeine Art und Weise, sonst würdest du dieses Buch nicht in deinen Händen halten. Also lohnt es sich für dich in jedem Fall. Und: Es gibt einige Messverfahren und Tests dazu, die ich an dieser Stelle bewusst außen vorlassen möchte. Ich lade dich ein, deine persönlichen Grundlagen zu erforschen und zu reflektieren.

Mein Potenzial

Bereite zunächst einige leere Kärtchen und einen Stift vor. Nun beginnst du aufzuschreiben, was deinen Alltag ausmacht. Was geschieht so Tag für Tag, Stunde für Stunde. Was sind die Dinge, die zu tun sind, die geschehen, für die du täglich Zeit verwendest. Was tust du? Notiere auch das, was nicht regelmäßig geschieht. Du kannst diese Karten auch erstmal ein paar Tage lang füllen, dann kommen auch die Dinge, Tätigkeiten und Themen, die nicht alltäglich sind. Wenn du das Gefühl hast, dass deine Liste, dass die Kärtchen erstmal vollständig sind, dann lege zwei Stapel vor dich:

Was nimmt dir Energie und Kraft?

Was gibt dir Energie und Kraft?

Als nächsten Schritt legst du eine Prioritätenliste an, das was dir am meisten Energie kostet und das, was dir am meisten Energie bringt kommt ganz nach oben, die anderen Karten legst du intuitiv darunter. So hast du schließlich zwei Prioritätenlisten in Form von Kärtchenreihen vor dir liegen.

Nun schau auf die Reihe mit den Energiefressern: Was davon kannst du weglassen? Was davon kannst du verändern? Im ersten Schritt verschiebe die Kärtchen mit diesen Themen etwas nach links oder rechts, dass du diese deutlich von den anderen unterscheiden kannst.

Dann geh zu der Reihe mit den energiebringenden Kärtchen: Was davon magst du verändern, ausbauen? Gibt es noch etwas, das dir Energie bringen könnte, du aber bislang noch nichts davon umgesetzt hast? Auch diese Kärtchen verschiebe nach links oder rechts, sodass du deutlich erkennst, wo du Handlungsbedarf siehst.

Wenn du dir die beiden Reihen abfotografierst, kannst du nun nach und nach damit arbeiten. Bitte nimm dir je Tag maximal eine Karte, die du aus der Energiefresser-Reihe nimmst und eine aus der Energiebringer-Reihe. Denke über die jeweiligen Begriffe nach und erstelle konkrete Maßnahmen, was du daran wie bis wann (evtl. auch mit wem) verändern möchtest.

Meine Rollen

Diese Übung ist ebenfalls eine gute Möglichkeit, um zu überprüfen, wie du ausgelastet oder ob du eventuell schon überlastet bist.

Nimm dir wieder einen Zettel und einen Stift und schreibe auf, welche Rollen du in deinem Alltag, sowohl beruflich als auch privat, hast. In einem nächsten Schritt schreibst du in Prozentzahlen dahinter, wie sehr diese Rolle dein Leben einnimmt.

Es kann sein, dass du nun, wenn du alle diese Zahlen addierst auf weit mehr als 100 Prozent kommst. Gibt es etwas, was du verändern, ausweiten oder begrenzen möchtest?

Der Gefühlsriecher

In Momenten, wenn uns Gefühle zu übermannen, zu überfordern scheinen, dann arbeitet unser Gefühlsriecher, die Amygdala (Mandelkerne im Gehirn). Wir vergessen, dass wir auch denken können oder aber die Amygdala ist so sehr aktiv, dass es unmöglich zu sein scheint, dass wir noch denken können.

Und gerade darum geht es: Es geht darum, das Gehirn, genauer gesagt, den Präfrontalen Cortex (Ein Teil des Frontallappens der Großhirnrinde, der sich an der Stirnseite des Gehirns befindet), in Aktion setzen. Somit merkt die Amygdala (Mandelkerne), dass da etwas ist, auf das sie sich verlassen kann. In etwa so wie ein Kind, das in Not ist, Angst hat. Sobald dies bemerkt, dass da ein Erwachsener da ist, der es an der Hand nimmt, kann es sich wieder beruhigen.

Der Präfrontale Cortex (PFC) ist das oberste Kontrollzentrum des Gehirns und leistet höhere geistige Leistungen: nimmt die Umwelt wahr, gleicht diese mit dem Gedächtnis und emotionalen Bedeutungen ab und lässt uns dann angemessen handeln.

Es geht um Impulskontrolle, vorausschauende Handlungsplanung und um Empathiefähigkeit. Übrigens erfährt der PFC während der Pubertät eine tiefgreifende Umstrukturierung. Dies erklärt, warum z.B. 15-Jährige so manche Fähigkeiten scheinbar „vergessen".

Je mehr wir uns mit Dingen beschäftigen, die uns aufwühlen, desto mehr Kraft benötigt der PFC, um das limbische System, und damit auch die Amygdala, zu beruhigen.

Wie geht das jetzt konkret?
Trainiere deinen PFC: gib ihm Aufgaben, die im Alltag nicht vorkommen, bspw. stelle einen Text auf den Kopf und lies diesen, zähle, wieviele „f"- „p"... du im Text findest.

Oder du liest einen Text von hinten, Wort für Wort. Also „trow rüf trow, netnih nov txet nenie tseil redo."

Die folgenden Übungen klingen teilweise etwas verrückt und exotisch, die meisten haben das Ziel, den Präfrontalen Cortex zu aktivieren und damit die Amygdala zu beruhigen. Also einfach ausprobieren, was für dich passt und dann weg damit oder in deinen ganz persönlichen Notfallkoffer. Dein Notfallkoffer enthält also nicht alles das, was möglich ist, sondern ausschließlich Methoden, die gut für dich passen.

Powerposing (nach Amy Cuddy)

Gehe für zwei Minuten in eine High Power Pose: Richte deinen Körper bewusst auf. Dabei sollte er locker und durchlässig sein. Hebe die Arme wie in der Siegerhaltung oder stütze deine Hände in den Hüften ab. Im Sitzen kannst du entweder auch die Arme hochnehmen oder du verschränkst deine Arme hinter dem Kopf und legst die Füße auf den Tisch.

Hintergrund
Die amerikanische Sozialpsychologin Amy Cuddy von der Harvard Business School konnte nachweisen, dass sich

nach zwei Minuten in einer bestimmten Körperhaltung schon der Hormonspiegel verändert und bestimmt, was wir denken, fühlen und wie andere uns sehen: Zwei Minuten in der Low- Powerpose (eingesunken, hängender Kopf und nach vorne leicht gebeugte Schultern – Handy-Haltung) bringen Stress, wir sind verschlossen und wirken auch so auf unsere Mitmenschen: Im Blut sinkt der Testosteronspiegel um 10 % und der Cortisolspiegel steigt um 15 %.

Dagegen erhöhen zwei Minuten in einer High-Powerpose, also in einer Siegerhaltung: aufrechte und präsente Haltung, Hände in den Hüften, das Testosteron (Machthormon) um bis zu 20 % und das Cortisol (Stresshormon) verringert sich sogar um bis zu 25 %. Dadurch wirken wir selbstbewusster, sind durchsetzungsfähiger und steigern sofort unser Wohlbefinden.

Atempause

Setze dich aufrecht, mit geradem aber entspannten Rücken, auf einen Stuhl und stelle die Beine schulterbreit und im 90 Gradwinkel auf den Boden. Lehne deinen Rücken an der Stuhllehne an. Lasse deine Schultern hängen und schließe deine Augen. Entspanne deine Kiefer- und Gesichtsmuskulatur. Sollten Armlehnen vorhanden sein, lege deine Arme darauf ab. Ansonsten lege diese einfach in den Schoß. Atme bewusst durch die Nase ein, halte kurz inne und atme dann durch den Mund wieder aus. Du konzentrierst dich ausschließlich auf das Ein- und Ausatmen. Lenke deine Aufmerksamkeit sanft auf deinen Bauch. Konzentriere dich auf den Bereich, in dem du bei jedem Ein- und Ausatmen das Heben und Senken deiner Bauchdecke wahrnimmst. Konzentriere dich weiterhin bewusst auf das Atemgefühl. Folge dem natürlichen Verlauf, deiner Geschwindigkeit bei jedem Atemzug. Bemerkst du, dass Gedanken auftauchen? Immer wenn du bemerkst, dass du durch Gedanken abgelenkt wirst, puste diese in einen Luftballon oder in eine Wolke und lasse sie vorüberziehen. Wenn möglich, dann mache diese Übung eine Minute lang. Wenn nicht, dann atme wenigstens fünf bis zehn Mal bewusst.

Atemmeditation

Der Atem ist ein sehr guter Gradmesser für unser seelisches Wohlbefinden. Leider sind wir uns dessen nicht immer bewusst. Setze deinen Atem also gezielt ein, um ruhig(er) zu werden. Egal ob du gerade sitzt, stehst oder gehst. Du konzentrierst dich für einen kurzen Moment ausschließlich auf deinen Atem. Du atmest ein, nimmst die frische Luft und damit die unverbrauchte Energie wahr, die dich Atemzug für Atemzug auffüllt. Mit jedem Einatmen wölbt sich deine Bauchdecke. Wenn es für dich passt, dann lege beide Hände darauf, um die frische Energie wahrzunehmen. Du kannst dieser auch eine Farbe, vielleicht deine Lieblingsfarbe geben. Nach dem Einatmen hältst du für einen kurzen

Moment inne, machst also eine kleine Atempause. Dann atmest du bewusst aus: alles verbrauchte, alles das, was du nicht mehr benötigst wird mit diesem Ausatmen losgelassen. Deine Bauchdecke senkt sich wieder. Du musst gar nicht wissen, was das wohl alles sein könnte. Dein System weiß genau, was das ist. Auch nach dem Ausatmen gönnst du dir bewusst eine kurze Pause. Diese Art der Atmung wird dich beruhigen, du bemerkst, dass du wieder bei dir ankommst. Und deine Atmung hast du ja auch immer dabei.

Und weil unsere Atmung ein ständiger Begleiter ist, hier noch zwei weitere Atemtechniken.

Abwechselnde Nasenlochatmung (Nadi Shodhana)

Diese Übung verbessert die Lungenfunktion und senkt die Herzfrequenz, den Blutdruck und die Belastung des sympathischen Nervensystems. Sie wirkt gut in Vorbereitung auf eine Besprechung, eine Veranstaltung oder den Nachtschlaf.

Lege den Daumen der rechten Hand sanft über das rechte Nasenloch und den Ringfinger der gleichen Hand auf das linke. Zeige- und Mittelfinger ruhen zwischen den Augenbrauen. Schließe nun das rechte Nasenloch mit dem Daumen und atme sehr langsam durch das linke Nasenloch ein.

Am Ende des Einatmens halte kurz inne, während beide Nasenlöcher verschlossen sind. Dann hebe den Daumen an, um durch das rechte auszuatmen.

Am Ende des Ausatmens halte beide Nasenlöcher einen Augenblick geschlossen. Dann atme durch das rechte Nasenloch wieder ein.

Setze die Atmung durch abwechselnde Nasenlöcher ungefähr fünf bis zehn Mal fort.

Koordinierte Atmung

Durch diese Technik wird das Zwerchfell zu mehr Bewegung angeregt. Dies steigert die Effizienz der Atmung. Jeder Atemzug sollte sich dabei weich und belebend anfühlen. Also auch hier gilt: nichts erzwingen.

Setze dich aufrecht hin, sodass die Wirbelsäule gerade und das Kinn im rechten Winkel zum Körper steht.

Atme sanft durch die Nase ein. Zu Beginn des Ausatmens fange an, leise immer wieder von 1 bis 10 zu zählen.

Am natürlichen Ende des Ausatmens zähle weiter, jedoch flüsternd und lasse deine Stimme sanft verklingen, bis du nur noch die Lippen bewegst und die Lungen vollständig leer sind.

Hole jetzt tief und sanft Luft und wiederhole das Ganze.

Wiederhole den Durchgang 10- bis 30-mal oder auch öfter.

Wenn du dich daran gewöhnt hast, diese Übung im Sitzen auszuführen, versuche diese auch im Gehen oder beim Joggen oder Walken oder anderer leichter Gymnastik.

Resonanzatmung (kohärente Atmung)

Dies ist eine Beruhigungsübung, die Herz, Lungen und Kreislauf in einen Zustand der Kohärenz versetzt, in dem die Systeme des Körpers mit größtmöglicher Effizienz arbeiten.
Setze dich gerade hin und entspanne Schultern und Bauch und atme aus.

Atme 5,5 Sekunden lang sanft ein und dehne den Bauch, während die Luft den unteren Bereich der Lungen füllt.

Atme ohne Pause 5,5 Sekunden lang sanft aus und ziehe den Bauch wieder ein, während sich die Lungen wieder leeren. Jeder Atemzug sollte sich wie ein Kreislauf anfühlen.

Wiederhole das mindestens zehnmal, wenn möglich gerne auch öfter.

Der Blick-Punkt

Befestige einen runden Aufkleber an deiner Zimmerdecke. Betrachte diesen Punkt dann einige Minuten vor dem Einschlafen – und nur diesen Punkt.

Konzentriere dich darauf. Du wirst schnell merken, wie du innerlich zur Ruhe kommst. Mit jedem Tag gelingt dir die Entspannung schneller. Solltest du dabei einschlafen, kein Problem, genieße es.

Wenn das Entspannen mit dem Blick-Punkt zu Hause gut funktioniert, klebe beispielsweise im Büro, an deinem Arbeitsplatz, einen solchen Punkt an die Wand. Nimm dir ein oder zwei Mal am Tag die Zeit, diesen Punkt zu fokussieren, so wie du es zu Hause gemacht hast.

Auch im Büro wirst du damit schnell zur Ruhe finden. Nach einiger Zeit schaffst du es, dich unabhängig vom Ort auf irgendeinen Punkt im Raum oder in der Ferne zu konzentrieren und dich da-mit schnell zu entspannen.

Der Blick in die Ferne

Durch die Arbeit am Computer ist unser Blick ständig auf den Bildschirm fokus-siert. Wende deinen Blick regelmäßig weg vom Bildschirm, beispielsweise Rich-tung Fenster und suche dir einen Punkt in der Ferne. Was ist das Weiteste, das du mit bloßem Auge erkennen kannst? Wandere mit den Augen den Horizont entlang. Das wirkt beruhigend und ent-spannt auch die Augen.

Zungenentspannung

Für diese Übung braucht es nicht viel. Alles, was du tun musst, ist, deine Zunge zu entspannen. Sie sollte vollkommen gelöst in deinem Mund liegen und sich nicht bewegen. Konzentriere dich auf diesen Zustand und darauf, was er sonst noch in deinem Körper bewirkt. Die Zunge ist den ganzen Tag in Aktion und besonders aus diesem Grund ist es wichtig, sie ab und an gut zu entspannen. Übrigens: Auch der Beckenboden und seine Entspannung hängen fest mit der Entspannung der Zunge zusammen.

Wegschütteln

Diese Entspannungsübung geht schnell und ist sehr effektiv. Nimm alle negativen Gefühle, allen Stress und all das, was dich belastet, und schüttele es kräftig aus deinem Körper. Schüttele jeden Teil deines Körpers durch, bis die Belastungen verschwinden und du wieder frisch und entspannt dem Alltag trotzen kannst.

Die Blitz-Entspannung

Spanne alle Muskeln deines Körpers an und halte die Luft an. Zähle innerlich bis fünf und löse mit einem kräftigen

Atemstoß alle Anspannungen in deinem Körper.

Puls

Unser Puls ist ein guter „Gradmesser" für unseren Entspannungszustand. Sind wir aufgeregt oder nervös, steigt auch unser Puls. Fühlen wir uns wohl und sind vollkommen entspannt, ist auch unser Puls entsprechend niedrig. Bei dieser Entspannungsübung geht es darum, dass du deinen Puls wahrnimmst und ihn damit beeinflusst. Also eine Art Biofeedback, bei dem es darum geht, bestimmte Körpersignale zu empfangen und zu beeinflussen.

Vielleicht kennst du auch das „negative Biofeedback". Man kommt beispielsweise in eine Prüfungssituation, ist nervös und aufgeregt, spürt die weichen Knie. Und nur durch diese Wahrnehmung wird man noch nervöser, als man ohnehin schon ist.

Hier nun die Entspannungsübung.

Begib dich an einen Ort, an dem du nicht gestört wirst.

Setze dich locker hin und konzentriere dich ganz auf deinen Körper.

Lege dann die Hände so zusammen, dass sich die Fingerspitzen berühren. Also Daumen auf Daumen, Zeigefinger auf Zeigefinger etc.

Drücke dann die Fingerspitzen sanft zusammen, bis du schließlich deinen Puls wahrnimmst.

Atme dabei gleichmäßig und ruhig. Achte vor allem auf das Ausatmen. Langsam ausatmen. Die Ausatmung sollte länger dauern als die Einatmung. Zähle beim Ausatmen von 1 bis 10.

Du wirst deinen Puls immer besser wahrnehmen. Du wirst auch bemerken, dass dein Puls mit dem Andauern der Übung ruhiger wird. Und genau diese Wahrnehmung wirkt wiederum positiv auf die Entspannung.

Mache diese Übung drei bis fünf Minuten lang, ohne dabei auf die Uhr zu schauen.

Für diese Entspannungstechnik wirst du anfangs etwas Übung benötigen, bis sie richtig wirkt. Aber wenn du sie einmal richtig beherrschst, kannst du innerhalb weniger Minuten tief entspannen.

Wut

Aufgestaute Wut ist schlecht für den gesamten Körper. Mit dieser Entspannungsübung kannst du schnell und effektiv alles loswerden, was dich wütend macht. Begib dich an einen Ort, an dem dich niemand stört. Setze dich entspannt auf einen Stuhl und denke an das Ereignis, das zu deiner Wut geführt hat.

Balle die Hände zu Fäusten und ziehe deine Zehen fest an. Während du deine Fäuste fest ballst, kannst du all die Dinge sagen oder denken, die du gerne loswerden möchtest. Niemand hört dich, daher ist es egal, ob es beleidigende oder auch verletzende Worte sind. Hast du deinem Ärger Luft gemacht, entspanne langsam deine Hände und Füße und schüttele diese schließlich aus.

Re-Fokussierung

Die Veränderung unseres inneren Zustandes kann rasend schnell stattfinden. Studien belegen (z.B. Anthony Jack): der Inhalt unserer Gedanken bestimmt, ob die linke oder die rechte Hirnhälfte aktiv ist.

Dankbarkeitshaltung

So zeigt eine Langzeitstudie, (GRACE), dass Herzinfarktpatienten mit einem höheren Maß an Dankbarkeit weniger Entzündungsmarker und damit verbesserte Funktionen der Herzkranzgefäße aufweisen. Nach nur 16 Wochen Dankbarkeitstagebuch konnte bei den Studienteilnehmenden nachgewiesen werden, dass sie weniger körperliche Probleme wahrnahmen. Und nach drei Wochen Dankbarkeitsbuch wurde längerer und erholsamerer Schlaf nachgewiesen.

Neben der Liebe ist die Dankbarkeit die mächtigste Emotion. Es braucht nur eine Entscheidung: deine Entscheidung. Schreibe dir täglich auf, wofür du heute dankbar bist. Das sind oft so kleine Momente und manchmal auch größere. Setze deinen Fokus darauf. Entweder du kaufst dir eines der Dankbarkeitsbücher, die es auf dem Markt gibt oder aber du nimmst ein leeres Schulheft und beginnst zu schreiben. Wichtig ist, dass du es tust.

Eine weitere Übung dazu

Nimm dir ein Blatt Papier und Farbstifte deiner Wahl. Du schreibst: Worüber bin ich heute/in diesem Moment dankbar? Wenn du magst, dann bette den Satz in eine Zeichnung, ein Piktogramm, eine Grafik ein. Suche dir beim Schreiben,

Zeichnen, Gestalten in Gedanken konkrete Beispiele aus deinem Alltag dazu und fühle diese Dankbarkeit im Moment deiner kreativen Aktivität. Vielleicht magst du dieses Ergebnis irgendwohin stellen, wo du es regelmäßig siehst? Ich habe mir meine Zeichnung einlaminiert und sie ins Badezimmer an den Spiegel gehängt. Das sind die ersten Gedanken, die mich begleiten, wenn ich beispielsweise meine Zähne putze.

Also: Ich bin müde, krank, niedergeschlagen und suche mir bewusst Dinge, Menschen, Situationen, für die ich dankbar bin. Wenn dir dies im Moment schwerfällt, könnte dir folgender Gedanke helfen: „Nur einmal angenommen, es gäbe etwas, wofür könnte ich dankbar sein?

Veränderung des Erlebens der eigenen Gedanken (Kognitive Defusion)

Stelle dir vor, dass negative Gedanken wie ein Pop-Up-Fenster im Internet sind.

Diese Fenster kannst du schließen. In deinen inneren Sicherheitseinstellungen kannst du, wenn du willst auch Pop-Up Blocker setzen.

Gefühle in Worte fassen (Affect labeling))

Wenn du Emotionen wahrnimmst, ist, wie bereits beschrieben, die Amygdala aktiv. Wenn du diese Emotionen in Worte fasst, wird der rechte ventrolaterale präfrontale Cortex aktiviert und schickt eine beruhigende Nachricht an die Amygdala: Und siehe da, deren Aktivität geht um bis zu 70 Prozent zurück.

Du beschreibst was ist, welche Emotionen du wahrnimmst, ohne den Versuch zu unternehmen, es verändern zu wollen. Dies bringt eine neuronal messbare Erleichterung.

Affect Labeling in Schriftform ist eine Methode um Angst zu reduzieren und die geistige Leistungsfähigkeit zu erhöhen (nach Prof. Gerardo Ramirez von der

Ball State University). Beispielsweise bei Prüfungsangst kannst du kurz vor der Prüfung alle die Emotionen, die du wahrnimmst notieren, auf einem Blatt Papier oder auch über die Notizenfunktion deines Handys.

Innere Distanzierung

Wir sprechen mit uns selbst. „Sigrid, du scheinst verärgert zu sein."
Oder wir beobachten uns selbst aus der Perspektive eines Sternes. „Schau mal dieser kleine, Millionen von Lichtjahren entfernte Mensch unterhält sich für einen Minibruchteil seines Lebens mit einem anderen Menschen, der ihm auf die Nerven geht."

Manchmal genügt dazu auch die Perspektive einer Fliege an der Zimmerdecke.

Du kannst dir auch vorstellen, dass du das was da gerade geschieht, später am Tag oder in der Woche deinem Partner, einem Freund erzählen wirst.

Anstatt zu denken, „Ich bin wertlos", versuche den Gedanken: „Ich habe den Gedanken, dass ich wertlos bin, die anderen mich nicht mögen."

Und schließlich anstatt „Ich bin wütend" denkst du: „Ich habe das Gefühl von Wut."

Gedanken verfremden

Gedanken, die dich belasten häufig und schnell wiederholen, also zum Beispiel „wertlos, wertlos, wertlos, .." (ca. 45 Sekunden lang)

Gedanken und/oder Gefühle sehr langsam aussprechen oder mit anderer Stimme sprechen.

Ein Lied oder einen Rapp aus den Gedanken und/oder Emotionen kreieren und dies singen oder rappen.

Lege deine Gedanken und/oder Emotionen in deiner Phantasie auf ein Blatt Papier, die einen Fluss hinuntertreiben.

"Don´t believe everything you think!"

Last but not least

Bitte frage dich häufiger, wie es dir gerade jetzt, in diesem Moment geht. Und versuche dir darauf eine detaillierte Antwort zu geben.

Also: statt „gut" oder „nicht so gut", könnte das sein: Mein Kopf ist gerade ganz leer. Ich habe Kopfschmerzen, nur ganz leichte, hinter dem rechten Ohr. Ich fühle die Sonne auf meiner Haut. Mein Bauch fühlt sich entspannt leer an. USW.

Logosynthese ® Selbstcoaching
(Dr. Willem Lammers)

Logosynthese® ist ein neues, umfassendes System zur persönlichen Entwicklung. Die Anwendung der Logosynthese®

ist einfach, elegant und gut vermittelbar. Durch die Macht der Worte können störende Muster im Denken, Fühlen und Handeln aufgelöst werden. Somit kannst du mit Hilfe von drei Sätzen u.a. Blockaden, psychische, körperliche, berufliche, familiäre oder finanzielle Belastungen einfach und effizient auflösen. Logosynthese ® ist sowohl geeignet fürs Selbstcoaching als auch für die von Fachpersonen begleitete Bearbeitung von persönlichen Themen, Blockaden und Störungen.

Für mich ist die Logosynthese® mehr als ein wichtiges Instrument zur täglichen Psychohygiene um meine Resilienz zu stärken oder auch wieder zu erlangen. Du erfährst dazu auch Näheres in Vorträgen, Workshops oder auch in Büchern. (Siehe dazu die Literaturliste im Anhang).

An dieser Stelle möchte ich dennoch eine Kurzanleitung zum Selbstcoaching mit Logosynthese ® einbringen. Bitte beachte jedoch, dass du diese Übung auf eigene Gefahr und ausschließlich mit dir selbst durchführst. Bei tiefer liegenden und/bzw. sehr belastenden Themen suche dir dazu professionelle Begleitung.

Du suchst dir einen Platz, wo du in den nächsten Minuten ungestört sein kannst und machst es dir bequem. Ein Glas Wasser, Papier und einen Stift bereitest du griffbereit vor.

Nun gehe zu dem Thema, das dich gerade belastet, schreibe es auf das Blatt Papier und überlege dir, wie sehr dich dieses auf einer Skala von 0 bis 10 belastet und notiere diese Zahl.

Dann sprichst du folgende Sätze:

Ich bewege alle meine Energie, die in diesem Thema (dein Thema hier einfügen) gebunden ist, an den richtigen Ort in mir selbst.

Du lässt den Satz eine Weile wirken.

Dann folgt der zweite Satz:

Ich entferne alle Fremdenergie im Zu-
sammenhang mit diesem Thema aus
allen meinen Zellen, aus meinem Körper
und aus meinem persönlichen Raum und
schicke sie dorthin wo sie wirklich
hingehört.

Du lässt den Satz wieder eine Weile wirken.

Nun folgt der dritte Satz:
Ich bewege alle meine Energie, die in
allen meinen Reaktionen auf dieses
Thema gebunden ist, an den richtigen
Ort in mir selbst.

Nach einer kurzen Wirkungszeit gehst du
zu deinem Ursprungsthema zurück. Wie
sehr belastet dich dieses jetzt, nach den
drei Sätzen, auf einer Skala von 0 bis 10?

Du kannst diese Sätze bei Bedarf wiederholen oder aber mit einem anderen
Thema, das sich nach der Bearbeitung
des Ursprungsthemas zeigt, weiter-
arbeiten. Bitte beachte, dass diese
leichte und effiziente Selbstcoaching-

methode dennoch Energie braucht und arbeite maximal 30 Minuten am Stück damit.

Herzfokussierte Atmung (HeartMath®)

Suche dir einen ruhigen Ort, an dem du ungestört für einige Minuten sitzen oder stehen kannst. Nimm eine bequeme Haltung ein, die es dir ermöglicht, tief und entspannt zu atmen.

Schließe deine Augen und geh mit deiner Aufmerksamkeit in deine Herzregion in der Mitte des Brustkorbes. Stelle dir nun vor, wie dein Atem direkt in dein Herz hinein- und aus deinem Herzen wieder herausfließt. Atme tief und gleichmäßig und finde einen ruhigen und stabilen Rhythmus. Dabei sollten Ein- und Ausatmung in etwa jeweils sechs Sekunden andauern.

Beim Einatmen konzentriere dich darauf, ein Gefühl der Wertschätzung oder der Liebe für dich selbst zu empfinden.

Denke dabei an Dinge, für die du an dir selbst dankbar bist, die du an dir schätzt.

Beim Ausatmen sende dieses Gefühl der Wertschätzung von deinem Herzen aus zu anderen Menschen. Stelle dir dabei vor, wie diese positive Energie von dir aus zu deinen Lieben, zu Freunden oder auch Fremden fließt.

Wiederhole diesen Atemzyklus für etwa fünf bis zehn Minuten. Halte dabei den Fokus auf deinem Herzen und bei den Gefühlen von Wertschätzung und Liebe bei jedem Atemzug.

Wenn du die Übung beenden möchtest, öffne langsam deine Augen und bewege dich sanft. Nimm dir einen Moment, um die Ruhe und das positive Gefühl, das entstanden ist, zu spüren.

Nun reflektiere kurz: was hat sich während der Übung verändert? Wie fühlst du dich jetzt?

Metta- oder Dankbarkeits-Meditation

Diese Methode ist Jahrtausende alt und eine Form von mentaler Arbeit. Sie lässt sich am besten mit geschlossenen Augen durchführen. Es geht darum, im Laufe des Prozesses an fünf verschiedene Menschen zu denken und für diese ein Gefühl von liebevollem Wohlwollen zu entwickeln.

Zunächst die Menschen, an die du denken darfst:

Denke an jemanden, den du vorbehaltlos liebst. Sollte dir kein Mensch einfallen, dann denke an ein Tier oder auch an einen Hundewelpen. Sobald du den Zustand von wohlwollender Liebe in dir spürst, wende dich dem nächsten Menschen zu (und verinnerliche dieses Gefühl)

Dies ist ein besonderer Platz: denke an dich. Wenn es dir schwerfallen sollte, dich in deiner Gesamtheit vorbehaltlos anzunehmen, dann denke an einen

Teilaspekt von dir, den du vorbehaltlos gern hast und wertschätzt.

Jetzt fokussiere dich auf eine gute Freundin oder einen guten Freund. Bleibe stets mit dem in den vorherigen Runden entstandenem Gefühl von liebevoller Zugewandtheit verbunden.

Nun denke an eine neutrale Person. Das kann die Verkäuferin beim Bäcker oder ein Nachbar sein. Übertrage auch hier den Zustand von liebevollem Wohlwollen.

Und nun fokussiere dich auf jemandem, mit dem du gerade ein eher schwieriges Verhältnis hast. Suche nach einem menschlichen Aspekt, den du bei ihr oder ihm findest und für den du wohlwollende Gedanken und Gefühle entdecken kannst.

Nachdem du dir alle fünf Menschen notiert hast, gehe nun gedanklich von einem zum anderen und sprich die Worte:

Mögest du glücklich sein!
Mögest du gesund sein!
Mögest du in Frieden sein!

Dein persönlicher Notfallkoffer

Bestenfalls konntest du deinen ganz persönlichen Notfallkoffer mit der Lektüre dieses Buches weiter füllen. Bitte schau dir diesen nochmals (und immer wieder mal) genau an: Was davon machst du gerne und was davon hilft, ist aber nicht dein persönliches Lieblings-instrument? Hast du ein Instrument für jede Situation in deinem Leben oder brauchst du da eventuell noch etwas? Zum Beispiel könntest du während der Arbeitszeit wohl schlecht in den Wald gehen, um Energie zu schöpfen. Dann brauchst du etwas anderes, wie zum Beispiel eine Atemübung. Und es gibt Übungen, die du eher prophylaktisch einsetzen kannst und Übungen, die dich in der konkreten Situation unterstützen können. Viel Freude damit!

Lies deine Notizen und ergänze
diese bei Bedarf.

 **Die Autorin**

Sigrid Stilp-Weiß, Jahrgang 1960, ist Coach, Master Coach, Lehr Coach, Supervisorin, Lehr-Supervisorin und Lehrtrainerin/EASC (zertifiziert durch European Association for Supervision and Coaching). Die umfangreichen Aus- und Weiterbildungen der Autorin, beispielsweise als Master Practitioner in Logosynthese®, Ouro Verde Coach und SIZEPROZESS® Trainerin und Beraterin sowie Resilienztrainerin und -beraterin nach dem Bambus-Prinzip ® zeigen deren großen Durst nach Wissen und die ständige Bereitschaft, sich persönlich weiterzuentwickeln.

So unterstützt Sigrid Stilp-Weiß mit einem hohen Anspruch und auch Selbstverständnis Menschen bei deren persönlicher Entwicklung. Durch ihre Angebote, wie beispielsweise Coachings und Supervisionen für Teams, Gruppen, Unternehmen und auch im Einzelsetting sowie in ihren Balsamabenden, den Vortragsabenden, den Jahresgruppen und in den Ausbildungsgruppen zum Coach, Master Coach und zur/zum SupervisorIn (EASC) regt Stilp-Weiß an und begleitet bei der Entwicklung in den unterschiedlichsten Facetten, Tiefen und Themenbereichen. Und genau das ist das Bedürfnis, das auch hinter ihren Büchern steht.

Menschen darin zu begleiten, das eigene Potential zu entfalten und den immensen Ideenreichtum zu aktivieren, um von Fesseln zu befreien und neue und hilfreiche Ressourcen und Perspektiven zu entdecken.

Ein großes Anliegen ist es ihr auch, mit diesem Büchlein auf umsetzbare und möglichst alltagsnahe Weise zum Nachdenken und Entdecken des eigenen Potentials der Widerstandskraft der eigenen Seele anzuregen.

Die Illustratorin

Maria Sporrer wurde 1976 in Tirschenreuth geboren. Nach ihrem Realschulabschluss folgte eine Ausbildung zur Industriekauffrau, später eine Banklehre mit dazugehöriger Fachwirtausbildung.

Mit 30 Jahren änderte Maria ihre berufliche Laufbahn grundlegend und begann das Fernstudium Theologie an der Domakademie Würzburg. Nach dem berufspraktischen Jahr ist sie seit 2012 in einer Pfarrei in der Nähe von Regensburg anfänglich als Gemeindeassistentin, seit 2014 als Gemeindereferentin eingesetzt.

Besondere Freude machen ihr bei ihrer beruflichen Tätigkeit auch die vielschichtigen Möglichkeiten der kreativen

Gestaltung. Dabei geht es ihr nicht um die große Kunst, sondern die Botschaften auf möglichst einfache und ansprechende Weise zu ver-(sinn)bildlichen und so den Menschen nahezubringen. Neben Marias Unterstützung durch ihre kreative Illustration der einzelnen Themen hat sie mich tatkräftig bei der Auswahl der (Bibel-)Sprüche zu den einzelnen Kompetenz- und Themenfeldern tatkräftig unterstützt und beraten. Ein herzliches Vergelt´s Gott dafür.

Der Fotograf

Georg Schraml sagt von sich selbst „Fotografieren ist meine Leidenschaft - seit über 40 Jahren."

Georg Schraml, Jahrgang 1955, ist Foto- und Persönlichkeitstrainer. Der Einsatz von Fotografie und von Bildern in der Persönlichkeitsentwicklung spielt bei ihm eine wichtige Rolle. Technik und Perfektion ist die eine Seite der Fotografie. Viel entscheidender ist für ihn, die Kraft von Bildern zu nutzen und in Bildern eigene Potentiale und Persönlichkeitsanteile zu entdecken. Bei der "Meditativen Fotografie", einem weiteren Schwerpunkt seiner Arbeit, geht es um bewusstes, achtsames und Stress abbauendes Fotografieren.

Literaturempfehlungen

Sigrid E. Stilp-Weiß, **Seelenbalsam**, Gespräche mit meiner Seele, Band 1, TwentySix, 2. Auflage, 2021, ISBN 978-4-740-780463

Sigrid E. Stilp-Weiß, **BAWINGA, eine Zauberformel für (mehr) Lebensfreude,** Bod, ISBN 9783746009872

Sigrid E. Stilp-Weiß, **BAWINGA, das Arbeitsbuch**, Bod, ISBN 783752609035

Ella Gabriele Amann, **Resilienz**, Haufe Taschenguide, 2. Auflage, 2015, ISBN 978-364-8068908

Dr. Willem Lammers**, Das kleine Buch der Logosynthese, ISBN** 978-165-9916461

Dr. Laurie Weiss, **Angst lass nach**, 2. Auflage, ISBN-13 979-8620266524

Dr. Leon Windscheid, BESSER FÜHLEN, Rowohlt Taschenbuch, ISBN 978-3-499-00377-6

Weitere Bücher der Autorin

Das Buch Seelenbalsam, Gespräche mit meiner Seele soll wie Balsam eine bleibende heilsame Wirkung auf den Seelen der Menschen hinterlassen. Eine angenehme und heilsame Wirkung, die auch mit in den Alltag genommen werden kann.

Nach jedem Gespräch, das jeweils in einer Kurzgeschichte dargestellt wird, findet der Leser ein Wolkenbild mit einem Impuls, das zum Verweilen einlädt.

BAWINGA ist eine Zauberformel für Gelassenheit und zwar auch in herausfordernden Zeiten. Gemeint ist damit eine Gelassenheit, die sieht was gut läuft und annehmen kann, was eben im Moment nicht so gut läuft. Sie lässt weiterhin gut verwurzelt und dennoch durchlässig sein für all das, was von außen nervt, uns stört, behindert oder ärgert.

In diesem Buch geht es nicht in erster Linie um Gesprächstechniken, es geht um die Haltung. Die eigene Grundhaltung im Leben und dem Leben gegenüber. Die Haltung der Welt gegenüber. Die Haltung gegenüber den anderen Menschen. Und an erster Stelle, ja richtig, an allererster Stelle die Haltung gegenüber sich selbst, gegenüber dem eigenen ICH.

BAWINGA ist ein Akronym und setzt sich zusammen aus:
Bewusst(ICH)sein
Achtsam(ICH)sein
Wertschätzend(ICH)sein
Intuitiv(ICH)sein
Nondirektiv(ICH)sein
Gemeinsam(ICH)sein
Alles(ICH)sein

Wichtig ist der Autorin, vor allem auch Wege und Methoden aufzuzeigen, die für jeden Menschen in dessen jeweiliger persönlicher Situation möglich sind. So finden sich im Buch auch Entspannungsübungen und Impulse zu den Inhalten.

Energievolle Fotos aus La Palma runden die Inhalte ab und laden zum Verweilen ein. Sie sollen den Leser auf dem Weg zum eigenen ICH unterstützen. Das mit dem Buch erschienene Handbuch lädt ein, die eigenen Gedanken zu verschriftlichen und damit im Selbstcoaching das eigene ICH zu begleiten.

Im Anhang finden sich interessante Links und Buchempfehlungen sowie ausführliche Informationen zu den im Buch erwähnten Inhalten.

Weitere Kontakte

Institut für Entwicklungsberatung
Sigrid Stilp-Weiß
Mastercoach (EASC), Resilienztrainerin
und -Coach nach dem Bambus-Prinzip®
Asternweg 8, 92699 Bechtsrieth
www.sigrid-stilp.de

Resilienzforum Berlin
www.ella-gabriele-amann.de
www.resilienzforum.com

Jürgen Stilp Coaching und Training
HeartMath ® Coach und Trainer
Bismarkstr. 1, 92637 Weiden
www.stilp-coachingundtraining.de

LIA (Logosynthesis International
Association)
contact@logosynthesis.international

Zum Schluss noch eine Geschichte

Ja, du hast dieses Büchlein schon durchgelesen oder bestenfalls durchgearbeitet. Dein Tanz durch den Resilienzzirkel nach dem Bambus-Prinzip® scheint erstmal beendet.

Im Moment bist du am Gipfel des Berges angekommen und genießt den Frieden und den eindrucksvollen Blick auf das große Ganze, auf die Landschaft um den Berg herum.

Doch bedenke: wenn du dich auf den Rückweg machst und wieder im Alltag ankommst, dann ist es wichtig, dass du dich immer wieder an diesen tollen Moment erinnerst.

Sicherlich: du machst Fotos von diesem brillianten Naturschauspiel. Jedoch verblassen auch die tollsten Aufnahmen, wenn du dir diese nicht immer und immer wieder bewusst ansiehst und dich an all diese Eindrücke und Wahrneh-

mungen deiner Bergwanderung erinnerst.

Genauso ist es mit diesem Büchlein und
deiner ganz persönlichen seelischen
Widerstandskraft: Lass die Eindrücke
wirken und lege dir das Büchlein an einen
Ort, der gut sichtbar ist im Alltag. Und
dann nimm es immer wieder mal in die
Hand, lies es durch oder lies einzelne
Geschichten, Teilbereiche und bestenfalls auch deine Notizen dazu durch und
lass diese wirken.

Lass deine Eindrücke und Wahrnehmungen wirken und erinnere dich immer und immer wieder daran. Viel Freude damit.